Treasures for Scholars Worldwide

師顧堂叢書

蔣鵬翔 沈楠 主編

金澤文庫本

春秋經傳集解

文公 宣公

三

〔晋〕杜預 注

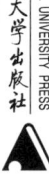

广西师范大学出版社
GUANGXI NORMAL UNIVERSITY PRESS
·桂林·

左傳集解

陸曰文公名興僖公子母聲姜謚法
慈惠愛民曰文忠信接礼曰文

春秋經傳集解文公第八　盡[illegible]年

陸曰文公名興僖公子母声姜謚法
慈恵愛民曰文忠信接礼曰文

春秋經傳集解文上第八　杜氏　盡十年

經元年春王正月公即位　無傳先君未葬而公即位不可曠年無君　二月癸亥日有蝕之　無傳癸亥月一日也不書朔官失之也　天王使叔服來會

叔氏服字諸侯喪天

傳十一年傳云天王使召武公內史過賜晉侯命云々

朔官共之也 天王使叔服來會葬 叔氏服字諸侯喪天子使大夫會葬礼也 夏四月丁巳葬我君僖公 六月而葬緩也 天王使毛伯來錫公命 星歷反 毛國伯爵諸侯為王卿士者也諸侯即位天子賜以命圭合瑞為信僖十一年王賜晉侯命亦其比 比例也 晉侯伐衛 晉襄公先告諸侯而伐衛雖大夫親伐而稱晉侯從

緩

伐衛　雖大夫親伐而稱晉侯從
告辭　叔孫得臣如京師　得臣叔牙
也　之孫也
衛人伐晉　衛孔達為政不共盟主
興兵鄰国受討喪邑故
貶稱　秋公孫敖會晉侯于戚　戚衛
人也　邑在
頓丘衛縣西　礼卿不會公侯而春
秋魯大夫皆不貶者躰例已舉故
據用魯史成文而已　內稱
公卒稱薨皆用魯史之　冬十月

公卒稱薨皆用魯史之文　冬十月

丁未楚世子商臣弑其君頵商臣穆王

也弑君例在宣四年　公孫敖如齊　傳例曰始聘焉禮也

傳　宣四年經云夏六月乙酉鄭公子歸生弑其君夷

元年春王使内史叔服來會葬公

孫敖聞其能相人也　公孫敖魯大夫慶父之子

見其二子焉叔服曰穀也食子難

穀文伯難惠叔也食子奉

見其二子焉叔服曰穀也食子難
也收子穀文伯難惠叔也食子奉
祭祀供養者也收子葬子
身也
穀也豐下必有後於魯國
在東
豐下蓋面方也為八
年公孫敖奔莒傳也
於是閏三月非禮也
於曆
法閏當在僖公末年誤於今年
三月置閏蓋時達曆者所譏
先王之正時也履端於始舉正於中
步曆之始以為術之端

期 居其反 朞

王之正時也履端於始舉正於中
歩歷之始以為術之端
首也朞之日三百六十
有六日日月之行又有遲速而必
分為十二月舉中氣以正月也有
餘日則歸之於終積而
為閏故言歸餘於終履端於始序
則不愆四時无愆過也舉正於中民則不
惑斗建不失其次寒暑不失其常故无疑惑也歸餘於

時共其常故无𣪘惑也　朞餕芳

終事則不悖　四時得所則事无悖乱　𨒪四月

丁巳葬僖公　傳皆不虛載經文而此經孤見如僖公未

并傳宜在王使毛伯衛来賜公命

七巻已奧可讀入敘此下也述而不讀

衛毛叔孫得臣如周拜命　謝賜

伯字　晉文

公之季并諸侯朝晉衛成公不朝

毛伯衛来錫公命
一本作王使又
一本作天王使

公之季年諸侯朝晉衛成公不朝使孔達侵鄭伐緜訾及匡孔達衛大夫匡在潁川新汲縣東北之晉襄公既祥諸侯雖諒闇亦因祥祭為位而哭使告于諸侯而伐衛及南陽今河内地也先且居曰效尤禍也尤衛不朝故伐之今不朝王是效衛致禍時王在溫故勸之也請

效衛致禍時王在温故勸之也請
君朝王臣從師晉侯朝王于温先
且居胥臣伐衛五月辛酉朔晉師
圍戚六月戊戌取之獲孫昭子昭子
衛大夫食戚邑者也衛人使告于陳陳共公曰
更伐之我辭之見伐代不和不競太大
甚故使報伐亦已

更伐之我辭之甚故使報伐亦已力足以辭晉也衞孔達帥師伐晉君子以為古古者越國而謀合古之道而共令事霸主之礼故國共其邑身見執辱也秋晉侯疆戚田故公孫敖會之晉取衞田正其疆界初楚子將以商臣為太子訪諸令尹子上子

以商臣爲太子訪諸令尹子上子
上曰君之齒未也齒年也言尚少詩召反下文同而又多
愛黜乃亂也楚國之舉恒在少者
舉立也且是人也蠭目而豺聲忍人本又作蜂芳逢反
也能忍行不義不可立也弗聽既又欲
立王子職而黜太子商臣職商臣庶弟也

立王子職而黜太子商臣
商臣聞之而未察告其師潘崇曰
若之何而察之潘崇曰享江芊而
勿敬也江芊成王妹嫁於江也從之江芊怒
曰呼役夫呼發聲也役夫賤者稱宜君王之
欲殺汝而立職也告潘崇曰信矣

欲殺汝而立職也告潘崇曰信矣
潘崇曰能事諸乎問能事職不也曰不能
能行乎曰不能能行大事乎曰能
大事謂弒君也冬十月以宮甲圍成王太子
宮甲僖二十八年王以東宮卒從子玉蓋取此宮甲也王請
食熊蹯而死熊掌難熟冀久將有外救也弗聽

食熊蹯而死將有外救也弗聽
丁未王縊謚之曰靈不瞑曰成乃
瞑言其忍甚未歛而加惡謚穆王立以其爲太
子之室與潘崇使爲太師且掌環
列之尹環列之宮衛之官列兵而環王宮也穆伯
如齊始聘焉禮也穆伯公孫敖也凡君即

如齊始聘焉禮也孫敖也凡君即
位卿出並聘踐脩舊好要結外援
踐猶履行也好事鄰國以衛社稷忠信
卑讓之道也忠德之正也信德之
固也卑讓德之基也傳曰此發凡以明諸侯諒
闇則國事皆用吉禮也殽之役在僖三十三年晉人

用吉禮也

殽之役十三年晉人

既歸秦師秦大夫及左右皆言於

秦伯曰是敗也孟明之罪也必殺

之秦伯曰是孤之罪也周芮良夫

之詩曰大風有隧貪人敗類詩大雅也

隧蹊徑也周大夫芮伯刺厲王言

貪人之敗善類若大風之行毀壞

貪人之敗善類若大風之行毀壞衆物所在成蹊徑也聽言則對誦言如醉言㗳乱之者不好典誦之言聞之若醉得道聽塗說之言則喜而荅對之

也匪用其良覆俾我悖覆反也俾使也不用良臣之言反使我爲悖乱是貪故也孫之謂矣

孫實貪以禍夫子〻〻何罪復使

爲明年秦晉

使復

孤實貪以禍夫子〻〻何罪後使
為政為明年秦晉戰彭衙傳也
經二年春王二月甲子晉侯及秦師
戰于彭衙秦師敗績孟明名代不見非命卿也
大崩曰敗績馮翊郃陽縣西北有彭衙城也丁丑作僖
公主主者殷人以柏周人以栗三年喪終則遷入於廟三

公主三年喪終則遷入於廟三
月已及晉處父盟處父為晉正
卿不能匡君
以礼而親与公盟故貶去其族々
法則非卿故以微人常稱為耦以
直厭不直也不
地者盟晉都也
夏六月公孫敖會
宋公陳侯鄭伯晉士穀盟于垂隴
々々鄭地也滎陽縣東南有隴城
士穀出盟諸侯受成於衛故貴而

士穀出盟諸侯受成於衛故貴而
書名氏
自十有二月不雨至于秋七
月
无傳周七月今五月也不雨足
為災不書旱五穀猶有收者也
八月丁卯大事于大廟躋僖公
大
事
禘也躋升也僖公閔公庶兄繼閔
而立廟坐宜次閔下今升在閔上
故書而譏之時未應吉禘而於大
廟行之其譏以明徒以逆祀故特

廟行之甚譏以明徒以逆祀故特
大其事異其文也
冬晉人宋人陳人鄭人伐秦四人皆卿秦穆悔過終用孟明故貶四國大夫以尊秦
公子遂如齊納幣傳曰礼也僖公喪終此年十一月則納幣在十二月也士壻六礼其一納采納徵始有玄纁束帛諸侯則謂之納幣其礼與士礼不同蓋公為太子已行婚礼也

同蓋公爲太子已行婚礼之也

傳二年春秦孟明視帥師伐晉以報

殽之役二月晉侯禦之先且居將

中軍趙衰佐之代郤溱也王官無地御

戎代梁弘狐鞫居爲右鞫居續簡伯也甲子

及秦師戰于彭衙秦師敗績晉人

謂秦拜賜之以孟明言三年將

瞫

及秦師戰于彭衙秦師敗績晉人
謂秦拜賜之師以孟明言三年將拜君賜故嗤之尺之反
戰於殽也晉梁弘御戎萊駒為右
戰之明日晉襄公縛秦囚使萊駒
以戈斬之囚呼火故反萊駒失戈狼瞫尺甚反字林式衽反取
戈以斬囚禽之以從公乘遂以

取戈以斬囚禽之以從公乘遂以
為右箕之役箕役在僖三十三年先軫黜之
而立續簡伯狼瞫怒其友曰盍死
之瞫曰吾未獲死所未得可死處其友
曰吾與女為難欲共殺先軫瞫曰周志
有之勇則害上不登於明堂周志周書
也明堂祖廟也所以策功

有之勇則害上不登於明堂周書也明堂祖廟也所以策功序德故不義之士不得升死而不義非勇也共用之謂勇共用死國用吾以勇求右無勇而黜亦其所也言今死而不義更成無勇宜見退謂上不我知黜而宜乃知我矣言今見黜而合宜則吾不得復言上不我

宜乃知我矣吾不得復言止不我知子姑待之及敵脩既陳以其屬馳秦師死焉屬已兵也晉師從之大敗秦師君子謂狼瞫於是乎君子詩曰君子如怒亂庶遄沮詩小雅言君子之怒必以止亂遄疾也沮止也又曰王赫斯怒爰整

疾也沮上也文曰王赫其怒爰整
其旅詩大雅言文王赫然奮怒不怒則整師旅以討乱
作乱而以從師可謂君子矣秦伯
猶用孟明孟明増脩國政重施於
民趙成子言於諸大夫曰成子趙衰秦
師又至將必辟之懼而増德不可

聞又至懼以辟之懼而增德不可
當也詩曰毋念爾祖聿脩厥德詩大
雅言念其祖考則宜述脩孟明念
其德以顯之毋念念也
之矣念德不怠其可敵乎為明年
晉秦人伐
傳丁丑作僖公主書不時也十月
過葬
故曰不時例在
傳三十三年晉人以公不朝來

傳三十三年

晉人以公不朝来

討公如晉冬四月乚巳晉人使陽

處父盟公以恥之使大夫盟公欲以恥辱魯也經

書三月乚巳經傳必有誤書曰及晉處父盟以

厭之也厭猶損也晉以非禮盟公故文厭之以示譏也適

晉不書諱之也不書公如晉也公自晉未

書士縠　本或作書曰晉士縠

晉不書諱之也如晉也公自晉未至六月穆伯會諸侯及晉司空士縠盟于垂隴晉討衛故也討元年衛人伐晉士縠士蔿子也書曰晉士縠堪其事也晉司空非卿也以士縠能堪卿事故書之也陳侯為衛請成于晉執孔達以說陳始與衛謀謂可以

請成于晉書孔達以説説謂可以強得免令晉不聽故更執孔達以苟免也秋八月丁卯大事于太廟躋僖公逆祀也僖是閔兄不得為父子嘗為臣位應在於是下令居閔上故曰逆祀也夏父弗忌為宗伯宗伯掌宗廟昭穆之禮尊僖公且明見曰吾見新鬼大故鬼

[illegible]

僖公且明見曰吾見新鬼大故鬼
小新鬼僖公既為兄死時年又長故鬼閔公死時年少弗忌明言
其所見先大後小順也躋聖賢明
之也
文以僖公
也為聖賢明順礼也君子以為
失礼礼無不順祀國之大事也而
逆之可謂礼乎子雖齊聖不先父食

逆之可謂禮乎子雖齊聖不先父食
久矣齊肅也臣繼君猶子繼父也故禹不先鯀
湯不先契鯀禹父契湯十三世祖文武不先
不窋不窋后稷子宋祖帝乙鄭祖厲王
猶上祖也帝乙微子父厲王鄭桓公父也二國不以帝乙
厲王不肖而猶尊尚之是以魯頌曰春秋匪

猶尊尚之　是以魯頌曰春秋匪
解享祀不忒皇皇后帝皇祖后稷
忒差也皇皇美也后帝天也詩頌僖公郊祭上天配以后稷　君
子曰礼謂其后稷親而先帝也　先稱帝也
詩曰問我諸姑遂及伯姉　詩邶風也衛女思歸而不得故願致問於姑姉
君子曰礼謂其

故顛致問於姑姊君子曰禮謂其
姊親而先姑也僖親文公。夏父弗忌欲阿時君先其所親故傳以此二詩深責其意
仲尼曰臧文仲其
不仁者三不知者三下展禽展禽柳下惠也文仲知柳下惠之賢而使在下位己欲立而立人仁廢六
關塞關陽關之屬凡六關所以禁絕末遊而廢之妾織

藻

爰居海鳥也尒雅一名雜縣樊光云似鳳皇一一事見国語莊子云魯侯御而觴之于廟

關所以禁絶末遊而廢之妾織

蒲三不仁也家人販席言其與民爭利也作虛

器謂居蔡山節藻梲也有其器而无其位故曰虛縱逆祀

聽夏父躋僖公祀爰居三不知也海鳥曰爰居止

於魯東門外文仲以為神命國人祀之冬晉先且居

宋公子成陳轅選鄭公子歸生伐

古城本或作戍 古極　息亮反

而觴之于瀰

宋公子成陳轅選鄭公子歸生伐秦取汪及彭衙而還以報彭衙之役卿不書爲穆公故尊秦也謂之崇德襄仲如晉納幣禮也凡君即位好舅甥脩昏姻娶元妃以奉粢盛孝也謂諒闇既終嘉好之事通于外内外内之禮始備此除凶之卿[illegible]

孝也外内外内之礼始倫此除為
之即位也於是遣卿申好舅甥之
國脩礼以昏姻也元妃嫡夫人奉
粢盛共　孝礼之始也
祭祀

經三年春王正月叔孫得臣會晉人
宋人陳人衛人鄭人伐沈々潰　傳
日民逃其上日潰沈國名
也汝南平輿縣北有沈亭　夏五月
不書爵者天王赴也星

也汝南平輿縣北有沈亭　夏五月
王子虎卒　不書爵者天王赴也翟
泉之盟雖輙假王命周
王曰以同盟　秦人伐晉　晉人恥不
之例為赴　于偽反又如字本或作来赴
出以微者
吉　秋楚人圍江雨螽于宋　自上而
隋有似　隨待火反傳注同
於雨宋人以其死為得
天祐書而來告故書　冬公如晉
十有二月己巳公及晉侯盟晉陽

十有二月己巳公及晉侯盟晉侯
處父帥師伐楚以救江

傳

三年春莊叔會諸侯之師伐沈以
其服於楚也沈潰凡民逃其上曰
潰在上曰逃
潰衆散流移若積水之潰自壞之象也國
君輕走羣臣不知其謀與匹夫逃
竄无異是以在衆曰潰在上曰逃

竄死異是以在衆曰潰在上曰逃
各以類衛侯如陳拜晉成也二年
言之　陳侯
爲衛請
成于晉　夏四月乙亥王叔文公卒
来赴弔如同盟礼也　王子虎與僖
公同盟於翟
泉文公是同盟之子故赴以名傳
同王子虎異於諸侯王叔又未與
文公盟故於此顯示體例也
經書五月又不書日從赴也　秦伯

經書五月又不書日從赴也　秦伯伐晉濟河焚舟示必死也取王官及郊王官郊晉地　晉人不出遂自茅津濟封殽尸而還茅津在河東大陽縣西封埋藏之遂霸西戎用孟明也君子是以知秦穆之為君也舉人之周也周備也不偏以一惡

之爲君也舉人之周也備以一惡
弃其善與人之壹也壹無貳一心孟明之臣
也其不解也能懼思也子桑之忠
也其知人也能舉善也子桑公孫枝舉孟明
者詩曰于以采蘩于沼于沚于以
用之公侯之事秦穆有焉詩國一風言沼一沚

用之公侯之事秦穆有焉言沼沚
之蘩至薄猶采以共公侯夙夜匪
喩也秦穆之不遺小善
解以事一人孟明有焉詩大雅美
仲山甫也
一人天
子也詒厥孫謀以燕翼子々桑
有焉詒遺也燕安也翼成也詩大雅
美武王能遺其子孫善謀以
安成子孫言子
桑有舉善之謀秋雨螽于宋隊而

隊直類反

桑有舉善之謀秋雨螽于宋隊而

死螽飛至宋隊地而死若雨楚師圍江晉先僕

伐楚以救江晉救江在雨螽下故使圍江之經隨在雨

螽下冬晉以江故告于周欲假天子威以伐楚

王叔桓公晉陽處父伐楚以救江

桓公周卿士王叔文公之子門于

桓公不書亦威若不親伐

桓公不書示威名不親伐門于方城遇息公子朱而還子朱楚大夫伐江之師也聞晉師起而江兵解故晉亦還晉人懼其無礼於公也請改盟改二年處父之盟公如晉及晉侯盟晉侯饗公賦菁菁者莪菁菁者莪在詩小雅取其既見君子樂且有儀莊叔以公

樂日下之　何ー　國也

其既見君子樂且有儀　莊叔以公
降拜　謝其以公比君子也　曰小國受命於大
國敢不慎儀君貺之以大礼何樂
如之抑小國之樂大國之恵也晉
侯降辭　降階辭讓公　登成拜　俱還上成拜礼　公
賦嘉樂　嘉樂詩在大雅取其顯顯
令德宜民宜人受祿于天

嘉樂令德宜民宜人受祿于天

經四年春公至自晉傳無夏逆婦姜于齊稱婦有姑之辭狄侵齊傳无秋楚人滅江滅例在文十五年晉侯伐秦衛侯使寗俞來聘冬十有一月壬寅夫人風氏薨僖公母風姓也赴同祔姑故稱夫人

尸嫁反下如字注同

文十五ノ傳云凡勝國曰滅之云ノ

羊朱反

薨同祔姑故稱夫人

傳四年春晉人歸孔達于衛以為衛
之良也故免之二年衛執孔達以說于晉夏衛
侯如晉拜謝歸孔達曹伯如晉會正會受
貢賦之政也傳言襄公能逆婦姜
在東　古本有繼文之業而諸侯服從禮諸侯有故
于齊卿不行非禮也則使卿逆君

于齊卿不行非禮也　則使卿逆
君子是以知出姜之不允於魯也　允信
也始來不見尊貴故終不為國人
所敬信也文公薨而見出故曰出
姜
曰貴聘而賤逆之　公子遂納幣是貴聘也
君而卑之立而廢之　君小君也不以夫人禮迎
是卑廢之
棄信而壞其主在國必亂在

廢之弃信而壊其主在國必亂在家必亡主内主也不允宜哉詩曰畏天之威于時保之敬主之謂也詩頌言畏天―威於是保福―祿

可勘釋例邧
晉侯伐秦圍邧
楚人滅江

秋晉侯伐秦圍邧新城邧新城秦邑也以報王官之役王官役在前年楚人滅江秦伯為之降服出次不舉

過數降服素服也出次辟正寢不

人臧江蔡作爲之降服出次不舉

過數降服素服也出次避正寢不舉去盛饌也鄰國之亂有數今秦伯過之

大夫諫公曰同盟滅雖不能

救敢不矜乎吾自懼也秦江同盟不吉故不

書君子曰詩云惟彼二國其政不

獲惟此四國爰究爰度其秦穆之

詩大雅言

獲惟此四國爰究爰度其秦穆之

謂乎　詩大雅言殷商之君政不得人心故四方諸侯皆懼而謀度其政事也言秦穆亦能感江之滅懼而思政也爰於也究度皆謀也

衞甯武子來聘公與之宴為賦

湛露及彤弓　非禮之常公特命樂人以示意故言為賦

湛露彤弓詩小雅　不辭又不答賦公使行

詩小雅不辭又不荅賦使行
人私焉私問對曰臣以為肄業及
之也肄習也魯人失所賦甯武
子佯不知此其愚不可及昔
諸侯朝正於王朝而受政教也王宴樂之
於是乎賦湛露則天子當陽諸侯
用命也湛露曰湛湛露斯匪陽不晞
晞乾也言露見日而乾猶
諸侯稟……

用命也　乾也言露見日而乾猶

諸侯稟天子命而行　諸侯敵王所愾而獻其

功　敵猶當也　愾恨怒也　王於是乎賜之彤弓

一彤矢百玈弓十玈矢千以覺報

宴　覺明也謂諸侯有四夷之功王

賜之弓矢又為歌彤弓以明報

功宴

今陪臣來繼舊好　方論天子

樂　故自

稱

本文作含
戶暗反説
文作哈含云
送終口中

樂　令陪臣来繼舊好呼報反之樂故自
稱陪　君辱貺之其敢干大礼以自
臣
取戾貺賜也干犯冬成風薨為明
戾罪也　力計反　年王
使来含
賵傳

經五年春王正月王使榮叔歸含且
賵芳鳳反車馬曰―　珠玉曰含〻口
實也車馬曰賵　三月辛亥葬我

广曰多言　文作哈含云　遂終口中　玉也　文十五ー　注云晉邦　歡師師　代除六中　入察傳云　雅大滅日

賵（芳鳳反車馬曰ー）實也車馬曰賵　三月辛亥葬我
小君成風（無傳反ー哭成喪故曰葬我小君）王使召（上照反）
伯来會葬（召伯天子卿也召采地伯爵也来不及葬不譏
者不共五月之内）夏公孫敖如晉（无傳）秦人
入鄀（古若反）（入例在文十五年）秋楚人滅六（六國今廬（力居反）ー
江六ー縣）冬十月甲申許男業卒（无傳與僖
不七

同盟

傳五年春王正月使榮叔來歸含且
賵召昭公來會葬礼也成風莊公之妾天子
以夫人礼賵之明
毋以子貴故曰礼初鄀叛楚即秦
又貳於楚夏秦人入鄀六人叛楚
即東夷秋楚成大心仲歸帥師滅

又貳於楚夏秦人入鄀六人叛楚
即東夷秋楚成大心仲歸帥師滅
六仲歸子家冬楚公子燮息協反滅蓼字或作鄝蓼國今安豐蓼縣
臧文仲聞六與蓼滅曰皐陶庭堅
不祀忽諸德之不建民之無援哀
哉蓼與六皆皐陶之後也傷二國之君不能建德結援大國忽然

於之君不能建德結援大國忽然
而亡　晉陽處父聘于衛反過甯〻嬴
從之　甯晉邑汲郡脩武
縣也嬴逆旅大夫　及溫而還
其妻問之嬴曰以剛商書曰沈漸
剛克高明柔克　沈漸猶滯溺也高
明猶亢爽也言各
當以剛柔勝己本性乃能成
全也此在洪範今謂之周書　夫子

全也此在洪範今謂之周書夫子
壹之其不沒乎陽子性純剛天為剛德
猶不干時寒暑相順況在人乎且華而
不實怨之所聚也言過其行犯而聚怨
不可以定身剛則犯人余懼不獲其利
而離其難是以去之為六年晉殺處父傳晉

新上軍事　可勘正義　可勘十二巻傳卅年清宗蒐

所鄙其冀是以去之殺處父傳晉

趙成子衰貞子霍伯臼季皆卒成子

趙衰新上軍帥中軍佐也貞子欒枝下軍帥也霍伯先且居中軍帥也臼季胥臣下軍佐也爲六年蒐於夷傳

經六年春葬許僖公傳無

夏季孫行父如陳行父季友孫子

秋季孫行父如晉八

女陳支孫子季孫行父如晉八
月乙亥晉侯驩卒再同盟冬十月公
子遂如晉葬晉襄公卿共葬事文襄之罰也三
月而葬速晉殺其大夫陽處父處父侵官宜為
國討故不言賈季殺晉狐射姑出奔狄射姑狐偃
子賈季也奔例在宣十年閏月不告月猶朝于
諸侯每月必告朔聽政因朝宗

不告月　日或作朔
謀也
宣十年注
云春秋

日或作朔誤也

例在宣十年閏月不告月猶朝于

廟諸侯每月必告朔聽政因朝宗廟文公以閏非常月故闕不告朔怠慢政事雖朝于廟則如勿朝故曰猶朝猶者可止之辭

傳六年春晉蒐于夷舍二軍僖三十一年晉蒐清原作五軍今舍二軍復三軍之制夷晉地前年四卿卒故蒐以謀軍帥所類反下同使狐射姑將中軍代先且居趙盾

之代趙衰也

師使狐射姑將中軍且居趙盾
佐之代趙衰也有趙衰子陽處父至自溫往年
聘衛過溫今始至改蒐于董易中軍易以趙盾
為師射姑佐之河東汾陰縣有董亭陽子成季之屬
也處父嘗為趙衰屬大夫也故黨於趙氏且謂
趙盾能曰使能國之利也是以上

趙盾能曰使能國之利也是以上

之宣子於是乎始為國政宣子盾謚趙

制事典典常也正法罪輕重當丁浪反辟婢亦反獄刑

辟猶理也董逋逃董督也由質要由用也質要券

契也治舊洿治理洿穢舊本文作汙本秩禮貴賤不共其本續

常職脩廢官出滯淹拔賢能也既成以授

常職官　出滯淹　能也　既成以授
大傅陽子與大師賈佗使行諸晉
國以為常法　賈佗以公族從文公而不在五人之數
臧文仲以陳衛之睦也欲求好於
陳夏季文子聘于陳且娶焉　臣非君命
不越竟故曰
聘而自為娶　秦伯任好卒　任好秦穆公名

聘而自為娶　秦伯任好卒　穆公
以子車氏之三子奄息中行鍼虎
為殉　子車秦大夫氏也　以人從葬為殉　皆秦之良
也國人哀之為之賦黃鳥　黃鳥詩秦風也
義取黃鳥止于棘桑往來得其所傷三良不然也　君子曰
秦穆之不為盟主也宜哉死而棄

棄穆之不為盟主也宜哉死而棄
民先王違世猶詒之法而況奪之
善人乎詩曰人之云亡邦國殄瘁
詩大雅言善人亡則國瘁病
無善人之謂若之
何奪之古之王者知命之不長是
以並建聖哲建立聖知以司牧民樹之風聲
因土地風俗為[illegible]

以並建聖哲以司牧民樹之風聲因土地風俗為立聲教之法分之采物旌旗衣服各有分制著之話言話善也為作善言遺戒為之律度鍾律度量所以治曆明時陳之藝極藝準也極中也貢獻多少之法也傳曰貢之無藝又曰曰貢獻無極引之表儀引道也表儀猶威儀予之法制告之訓典

儀儀猶威儀予之法制告之訓典訓典先王之書也教之防利防惡興利也委之常秩委任也常秩官司之常職也道之禮則使毋失其土宜衆隸賴之而後即命即就也聖王同之今縱無法以遺後嗣而又收其良以死難以在上矣

而又收其良以死難以在上矣

君子是以知秦之不復東征也不能復征討東方諸侯為霸主

秋季文子將聘於晉使求遭喪之禮以行季文子季孫行父也聞晉侯疾故

其人曰將焉用之其人從者文子

曰備豫不虞古之善教也求而無

曰備豫不虞古之善教也求而無之實難難卒得也過求何害所謂文八子三恩

月乙亥晉襄公卒靈公少晉人以難故欲立長君立少君恐有難趙孟曰立公子雍趙孟趙盾也公子雍文公子襄公庶弟杜祁之子好善而長先君愛之且近於秦

好善而長先君愛之且近於秦
舊好也置善則固事長則順立愛
則孝結舊則安為難故欲立長君
有此四德者難必抒矣抒除也賈季
曰不如立公子樂樂文公子也辰嬴嬖
於二君辰嬴懷嬴也二君懷公文公也立其子民

於二君君懐公文公也立其子民

必安之趙孟曰辰嬴賤班在九人

班位也其子何震之有震威也且為二

君嬖淫也為先君子不能求大而

出在小國辟也辟匹亦反又作僻下母淫子辟无威陳

小而遠無援將何安焉杜祁以君

小而遠無援將何安焉杜祁以君故讓偪姞而上之杜祁杜伯之後祁姓也偪姞ゝ姓之女生晉襄公為世子也故杜祁讓使在己上也以狄故讓季隗而已次之故班在四以季隗是文公託狄時妻故後讓之也然則杜祁本班在二也先君是以愛其子而仕諸秦為亞卿焉亞次

以愛其子而仕諸秦爲亞卿焉
也言其賢故位尊也秦大而近是以爲援母
義子愛之是以威民立之不亦可
乎使先蔑士會如秦逆公子雍先蔑
士伯也士會隨季也賈季亦使召公子樂于
陳趙孟使殺諸郫郫晉也賈季怨陽

傳趙孟使殺諸郫婢支反也賈季怨陽子之易其班也本中軍易以為佐也而知其無援於晉也少族多怨也九月賈季使續鞫居殺陽處父鞫居狐氏之族也書曰晉殺其大夫侵官也君已命帥處父易之故曰侵官也冬十月襄仲如晉葬襄公十

續簡伯本作

也

冬十月襄仲如晉葬襄公十一月丙寅晉殺續簡伯簡伯續鞫居也十一月无丙寅〻〻十二月八日也日月必有誤也賈季奔狄宣子使臾駢送其帑帑妻子也宣子以賈季中軍之佐同官故也夷之蒐賈季戮臾駢〻之人欲盡殺賈氏以報焉臾駢

之人欲盡殺賈氏以報焉臾駢
曰不可吾聞前志有之曰敵惠敵
怨不在後嗣忠之道也敵猶對也若及子孫
則為非對〻為是遷怒也夫子禮於賈季我
以其寵報私怨無乃不可乎言己蒙宣
子所寵位也介人之寵非勇也介因也損怨
季家欲以余盡宣

位也介人之寵非勇也損怨

益仇非知也賈季家欲以除怨宣子將復怨已是益仇

也以私害公非忠也釋此三者何

以事子盡具其帑與器用財賄親

帥扞之送致諸境竟扞衛也閏月不告

朔非礼也經稱告月傳稱告朔明告月必以朔也閏以

四時漸差則置 須

非禮也　朔明告必以朔也　閏以
正時　四時漸差則置閏以正之也　時以作事　順時
命事　事以厚生　事不失時則年豐也　生民之
道於是乎在矣不告閏朔棄時政
也何以爲民

經七年春公伐邾三月甲戌取須句
須句魯之封内屬國也僖公反其

襄十三ﾉ經
云夏取邿
傳云書取
言易也

經七年春公伐邾三月甲戌取須句
須句魯之封内屬國也僖公反其
君之後邾復滅之書取易也例在
襄十三
年也
遂城郚
无傳因伐邾師以
城郚也郚魯邑卞
縣東南有郚
城偪邾難也
夏四月宋公王臣卒
二年与魯大夫
盟于垂隴也
宋人殺其大夫
宋
人
攻昭公并殺二大
夫故以非罪書也
戊子晉人及秦

其句反

王臣
如字
往方反
本或作王
臣

夫故以非罪書也　戊子晉人及秦
人戰于令狐　趙盾廢嫡而外求君適
故貶稱人也晉諱背
先蔑而夜薄秦　晉先蔑奔秦　不言
師以戰告也　出在
外奔
也　秋侵我西鄙秋八月公會諸
侯晉大夫盟于扈　扈鄭地也滎陽
卷縣西北有扈
亭不分別書會人揔言諸侯晉
大夫盟者公後會而及其盟也

大夫盟者公後會而及其盟也冬

徐伐莒不書將帥徐夷告辭略也公孫敖如莒

莅盟（涖音利又音類）

傳

七年春公伐邾間晉難也（乃旦反注同）公曰霸國有難而侵小也三月甲戌取須句寘（之豉反下同）文公子焉非禮也邾文公子叔在魯故公使為守須句大夫也絶

焉非礼也 使為守須句大夫也絶

太皞戸老反之祀以与鄰国
叛臣故曰非礼也

夏四月宋成公卒於是公子成為右師 莊公子也 公孫友為左師 目夷子也 樂豫為司馬 戴公玄孫也 鱗矔古乱反為司徒 桓公孫也 公子蕩為司城 桓公子也以武公名廢司空為司城也 華御事 魚呂反本亦作禦

司城蕩司空為司城也　華御事魚呂反本又作禦下同
為司寇華元父也傳言六卿皆公族昭公不親信之所以致亂也
昭公將去起呂反下及注同羣公子樂豫曰不可公
族公室之枝葉也若去之則本根
无所庇必利反又悲位反下同蔭本又作廕於鴆反矣葛藟猶能庇其本根
葛之能藟本或作蘽力軌反蔓繁滋者
以本枝蔭庥許求反本又作庥之多也　故君子以為
冐詩人取以喻

以本枝蔭庥之多也故君子以爲

比謂詩人取以喩九族兄弟也况国君乎此諺

所謂庇焉而縱尋斧焉者也縱放也

必不可君其圖之親之以德皆股

肱也誰敢攜貳若何去之不聽穆

襄之族率國人以攻公穆公襄公之子孫昭

襄之族率國人以攻公之子孫昭公所欲去者也殺公孫固公孫鄭于公宮二子在公宮故為乱與所殺也六卿和公室樂豫舍司馬以讓公子卬昭公弟也昭公即位而葬書曰宋人殺其大夫不稱名衆也且言非其罪也不稱殺者及死

稱名衆也且言非其罪也者及死者名殺者衆故名不可知死者无罪則例不稱名也秦康公送公子雍于晉曰文公之入也无衛故有呂郤之難僖廿四年文公入也乃多与之徒衛穆嬴日抱太子以啼于朝曰先君何罪其嗣亦何罪舍

于朝曰先君何罪其嗣亦何罪舍
嫡（丁歷反本亦作適）嗣不立而外求君將焉（於虔反）寘此穆嬴
襄公夫人靈公母也出朝則抱以適趙氏頓
首於宣子曰先君奉此子也而屬
諸子曰此子也才吾受子之賜不才
吾唯子之怨欲使宣子教訓之也今君雖終
言

吾唯子之怨教訓之也今君雖終言猶在耳在宣子之耳也而棄之若何宣子与諸大夫皆患穆嬴且畏偪畏人以大義來偪己也乃背先蔑而立靈公以禦秦師箕鄭居守趙盾將中軍先克佐之代狐射姑也克先且居子也荀林父佐

克佐之代狐射姑也荀林父佐
上軍箕鄭將上軍居守故佐獨行也先蔑將下軍
先都佐之步招御戎戎津為右及
堇陰先蔑士會逆公子雍前還晉
之人始以逆雍出軍卒然變
計立靈公故車右戎御宣子曰我
猶在職也堇陰晉地也
若受秦秦則賓也不受寇也既不

有大集人之心本或此下有後人有待其文誤

若受秦之則賓也不受寇也既不
受矣而復緩師秦將生心先人有
奪人之心奪敵之戰心也從人有待其衰。也
已上七字才无古本
軍之善謀也逐寇如追逃軍之善
政也訓卒利兵秣馬蓐食潛師夜
起蓐食早食於寢蓐也戊子敗秦師于令狐

起（於寢蓐也）戊子敗秦師于令狐至于刳（苦胡反）首己丑先蔑奔秦士會從之（從刳首去也令狐在河東當与刳首相接也）先蔑之使（所吏反）也荀林父止之曰夫人太子猶在而外求君此必不行子以疾辭若何不然將及（禍將及己也）攝卿以往

若何不然將及已也　攝卿以往

可也何必子同官為寮吾嘗同僚

敢不盡心乎弗聽為賦板之三章

板詩大雅也其三章義取芻蕘之

言猶不可忽況同寮乎傳於八年

林父將中行

又弗聽及亡荀伯盡

先蔑將左行

送其帑及其器用財賄於秦曰為

荀伯

送其帑及其器用財賄於秦曰爲
同僚故也荀伯林父也士會在秦三
年不見士伯士伯先蔑也其人曰能亡
人於国言能与人俱亡於晉国也不能見於此
焉用之何用如此也士季曰吾与之同
罪俱有亡公子雍之罪也非義之也將何見

宋韻數
空二反

罪雍之罪也則義之也將何見
焉言已非慕先蔑及歸遂不見責
之義而從之也先
蔑為正卿而不匡諫且俱出奔
惡有黨也士會歸在十三年狄
侵我西鄙公使告于晉趙宣子使
因賈季問酆舒且讓之酆舒狄相
讓其伐魯
也酆舒問於賈季曰趙衰趙盾孰賢

豐舒問於賈季曰趙衰趙盾孰賢
對曰趙衰冬日之日也趙盾夏日
之日也冬日可愛夏日可畏也秋八月齊侯
宋公衛侯陳侯鄭伯許男曹伯會
晉趙盾盟于扈晉侯立故也公後
至故不書所會凡會諸侯不書所

至故不書所會凡會諸侯不書所
會後也不書所會謂不具列公侯及卿大夫也後至
不書其國避不敏也此傳還自釋凡例之意也
穆伯娶于莒曰戴己生文伯其娣
聲己生惠叔穆伯公孫敖也文伯穀也惠叔難也戴
已卒又聘于莒〻人以聲己辭則

已卒又聘于莒〻人以聲己辭則
爲襄仲聘焉襄仲公孫敖從父昆弟也冬徐伐
莒〻人來請盟見伐故欲結援也穆伯如
莒涖盟且爲仲逆及鄢陵登城見
之美鄢陵莒邑也自爲娶之仲請攻之
公將許之叔仲惠伯諫惠伯叔牙孫也曰

公將許之叔仲惠伯諫牙孫也曰
臣聞之兵作於内為乱於外為寇
〻猶及人乱自及也今臣作乱而
君不禁以啓寇讎若之何公止之
惠伯成也平二子也使仲舍之舍不取也公
孫敖反之還莒女也復為兄弟如初従

孫敖反之女也復為兄弟如初

之為明年公孫敖奔莒傳也晉郤缺言於趙宣

子曰日衛不睦故取其地日往日也取衛

地在元年今已睦矣可以歸之叛而不

討何以示威服而不柔何以示懷

柔安也非威非懷何以示德無德何

也非威非懷何以示德無德何以主盟子為正卿以主諸侯而不務德將若之何夏書曰（逸書也）戒之用休（有休則戒之以勿休也）董之用威（董督也有罪則督之以威刑也）勸之以九歌勿使壞九功之德皆可歌也謂之九歌六府

功之德皆可歌也謂之九歌六府
三事謂之九功水火金木土穀謂
之六府正德利用厚生謂之三事
義而行之謂之德礼德正德也礼以制財用之
節又以厚民生之命無礼不樂所由叛也若
吾子之德莫可歌也其誰来之

吾子之德莫可歌也其誰來之猶歸也盍使睦者歌吾子乎宣子說也爲明年晉歸鄭衛田張本也

經八年春王正月夏四月秋八月戊申天王崩冬十月壬午公子遂會晉趙盾盟于衡雍壬午月五日也乙酉公

會雒戎古洛本戎作伊雒之戎此後人妄取傳文加耳

晉趙盾盟于衡雍五日也乙酉公子遂會伊雒之戎盟于暴乙酉月八日也暴鄭地也公子遂不受命而盟宜去族善其解國患故偁公子以貴之也公孫敖如京師不至復丙戌奔莒不言出受命而出自外行也螽无傳為災故書也宋人殺其大夫司馬司馬宋司城來奔

人殺其大夫司馬宋司城來奔　馬

死不舍節司城奉身而退

故皆書官而不名貴之也

傳八年春晉侯使解揚歸匡戚之田

于衛　匡本衛邑中屬鄭孔達伐而　不能克今晉令鄭還衛及取

戚田皆　見元年

且漫致公聓池之封自申

至于虎牢之境　公聓池晉君女聓　竟又取衛地以封之

至于虎牢之竟

竟又取衛地以封之令并還衛也申鄭地也傳言趙有所以能相幼主而盟諸侯也

夏秦人伐晉取武城以報令狐之役

令孤役在七年

秋襄王崩

爲公孫敖如周弔傳也

晉人以扈之盟來討

前年盟扈公後至也

冬襄仲會晉趙孟盟于衡雍報扈之盟

[illegible]伊雒之戎[illegible]

仲會晉趙孟盟于衡雍報扈之盟

也遂會伊雒之戎 伊雒之戎將伐魯公子遂不及

復君命故專命与之盟也 書曰公子遂珎之也

珎貴也大夫出境有可以安社稷利国家者專之可也 穆伯

如周弔喪不至以幣奔莒從己氏

焉 己氏莒女也 宋襄夫人襄王之姉也

女也宋襄夫人襄王之姉也
昭公不礼焉昭公嫡祖母也夫人因戴氏
之族華樂皇皆戴族以殺襄公之孫孔叔
公孫鍾離及大司馬公子卬皆昭
公之黨也司馬握節以死故書以
官節国之符信也握節之以死亦不廢命也司城蕩意

官之以死示不廢命也司城蕩意諸来奔效節於府人而出效猶致也意諸公子蕩之孫也公以其官逆之皆復之亦書以官皆貴之也卿違從大夫公賢其效節故以本官逆之諸宋而復之司城官屬悉来奔故言皆復也夷之蒐晉侯將登箕鄭先都登之於上軍也夷蒐

蒐晉侯將登箕鄭父先都軍也夷蒐在六年而使士縠梁益耳將中軍士縠本司空也先克曰狐趙之勳不可廢也從之狐偃趙衰有從亡之勳也先克奪蒯得田于菫陰七年晉禦秦師於菫陰以軍事奪其田也先克中軍佐之也故箕鄭父先都士縠梁益耳

為明年殺先

也

故箕鄭父先都士縠梁益耳蒯得作亂（爲明年殺先克張本也）

經九年春毛伯來求金（求金以共葬事也雖踰年而未葬故不稱王使也）

夫人姜氏如齊（无傳歸寧也）

二月叔孫得臣如京師辛丑葬襄王（卿共葬事禮也）

晉人殺其大夫先都

下軍佐[illegible]

王事礼也晉人殺其大夫先都
下軍佐也以作乱討故書名也三月夫人姜氏至
自齊無傳告于廟也晉人殺其大夫士縠
及箕鄭父与先都同罪也楚人伐鄭楚子師於
狼淵不親伐也公子遂會晉人宋人衛人
許人救鄭夏狄侵齊無傳秋八月曹

許人救鄭夏狄侵齊傳秋八月曹

伯襄卒无傳七年同盟於扈九月癸酉地震

无傳地道安靜以動爲異故書冬楚子使椒來聘

稱君以使大夫其禮與中国同椒不書氏史略文也秦人

襚音遂衣服曰襚説文作裞云贈終者衣被曰裞以比襚爲衣死人衣

來歸僖公成風之襚衣服曰襚秦辟陋故不稱使不稱夫人從來者之辭也葬曹共公無傳

比襚爲衣　死人衣

来ー者之辭也

葬曹共公傳

傳九年春王正月己酉使賊殺先克

箕鄭等所使也乱所致

先克不赴故不書也　乙丑晉人殺

先都梁益耳　乙丑正月十九日也

經書二月從吉也

毛伯衛来求金非礼也　天子不私

求財故曰

非礼

也

不書王命未葬也　二月莊叔

也　不書王命未葬也二月莊叔
如周葬襄王三月甲戌晉人殺其
鄭父士穀蒯得　梁益耳蒯得不書皆非卿也　范
山言於楚子曰晉君少不在諸侯
北方可圖也　范山楚大夫也楚子師于狼
渕以伐鄭　陳師狼渕為伐鄭機也潁川潁陰縣西有狼陂

淵以伐鄭　潁川潁陰縣西有狼陂
也　囚公子堅公子尨及樂耳　三子鄭大
夫也　鄭及楚平公子遂會晉趙盾宋
華耦衛孔達許大夫救鄭不及楚
師卿不書緩也以懲不恪　華耦華父督之
曾孫也公子遂獨不在貶者諸魯
事自非指為其国褒貶則皆従国
史不同之於他国此皆

事自非循爲其国褒貶則皆従国
史不同之於他国此春　夏楚侵陳
秋大意他皆放此也
克壺丘壺丘陳邑也以其服於晉也秋
楚公子朱自東夷伐陳子朱息公也陳
人敗之獲公子茷陳懼乃及楚平
以小勝大故懼而請平也傳言晉
爲以楚淺中国明年所以有厥貉
陵ォ
之會
子

陵
者以楚淺中国明年所以有厥貉
之會也　冬楚子越椒来聘執幣傲子越
椒令尹子文從子也傲不敬也　叔仲惠伯曰是必
滅若敖氏之宗傲其先君神弗福
也十二年傳曰先君之幣器使下臣致諸執事明奉使皆告于廟
故言傲其先君也為宣四年楚滅若敖氏張本也　秦人来

年楚滅若敖氏張本也　秦人來
歸僖公成風之襚禮也　秦慕諸夏欲通敬於
魯因有翟泉之盟故追贈僖公并
及成風本非魯方嶽同盟无相赴
弔之制故不譏其緩　諸侯相弔賀
而以接好為禮也
也雖不當事苟有禮焉書也以無
忘舊好也　送死不及尸故曰不當
事也書者書於典策垂
示子孫使無忘

二年経云　十作弒

……也事也書者書於典策垂
示子孫使無忘
過厚之好也
經十年春王三月辛卯臧孫辰卒　無傳
公与小斂　不稱將帥
故書日也　夏秦伐晋　告辭略也　楚
殺其大夫宜申　宜申子西也謀弒
其君故書名也
自正月不雨至于秋七月　无傳義
与二年
同……

与二年

二年鍾王
自十有二月
不雨至于
秋七月

同及蘓子盟于女栗女栗地名也

也闕也蘓子周

卿士也項王新立故無

与魯盟親諸侯也冬狄侵宋傳

楚子蔡侯次于厥貉厥貉地名也

闕也將伐宋

而未行故

書次也

傳十年春晉人伐秦取少梁少梁馮

翊夏陽

縣

傳
十年春晉人伐秦取少梁
夏秦伯伐晉取北徵　報少梁也
徵　如字三蒼云縣屬馮翊音懲一音張里反
初楚
范巫矞似　矞似范邑之巫也　謂成王與子
玉子西曰三君皆將彊死城濮之
役王思之故使止子玉曰毋死不
及止子西子西縊而縣絕在傳廿八年

及止子〻西〻縊而縣絶

王使適至遂止之使為商公商楚邑今

上雒商縣也

〻〻〻順流曰沿
〻〻〻逆流曰泝

沿漢泝江將入郢沿順流泝逆流

也

王在渚宮小洲曰渚也下見之懼而

辭曰臣免於死又有讒言謂臣將

逃臣歸死於司敗也陳楚名司寇為司敗

逃臣歸死於司敗也為司敗子西畏讒言不敢之商縣也王使為工尹掌百工之官也又與子家謀弑穆王穆王聞之五月殺鬬宜申及仲歸仲歸子家也不書非卿也

秋七月及蘇子盟于女栗頃王立故也僖十年秋滅溫蘇子奔衛今復見蓋王復之也陳侯

故也衛令滑見蓋王滑之也[illegible]

鄭伯會楚子于息冬遂及蔡侯次于厥貉陳鄭及宋麇子不書者宋鄭執卑苟免為楚僕任受役於司馬麇子恥之遂逃而歸三君失位降爵故不列於諸侯宋鄭猶然則陳侯必同也將以伐宋宋華御事曰楚欲弱我也先為之弱乎何必使

楚欲弱我也先爲之弱乎何必使
誘我〻實不能民何罪乃逆楚子
勞且聽命時楚欲誘呼宋共戰也御事華元父也遂
道以田孟諸孟諸宋大藪也在梁國睢陽縣東北也
宋公爲右盂鄭伯爲左盂〻田獵陳名也
期思公復遂爲右司馬復遂楚期思邑公也
令弋陽朋

期思公復遂爲右司馬　思邑名也
今弋（以職反）陽期子朱及文之無畏爲左
思縣也　將（獵）張兩甄（吉然反）故置二左司馬
司馬　然則右司馬一人當中央也
命（眉病反）夙駕載燧〻取火　宋公違命
駕載（本文作遂火亦遂取火具）者也
燧也　無畏抶（恥乙反）其僕以徇（似俊反）或謂子舟
曰國君不可戮也子舟曰當官而

日國君不可辱也子舟曰當官而
行何彊之有子舟畏字也詩曰剛亦不
吐柔亦不茹詩大雅美仲山甫不避彊也無縱從
詭隨以謹罔極詩大雅也詭隨詭人隨人无正心者
也謹猶慎也罔无也極中也是亦非避彊也敢
愛死以亂官乎為宣十四年宋人殺子舟張本也

愛死以亂官乎數子毋張本也

厥貉之會麇子逃歸乃為明年楚子伐麇傳也

經五千五百九十八字

注五千二百卌一字

春秋卷第八

本奧云

建長六年七月十七日以清家累葉

建長六年七月七日以清家累葉
秘説奉授洒掃少尹閤了
前参河守清原（花押）

本奥云
寿永三年四月十五日朝間受重
御説了
主水正良業

治承四年十月四日授良業了

頼業判

在判

文永五年十月十五日以累家秘説奉

授越後次郎尊閤畢

音博士清原

一覧畢了　于時正應元年戊子孟夏十四日

相州醉醒軒主

左傳集解
九

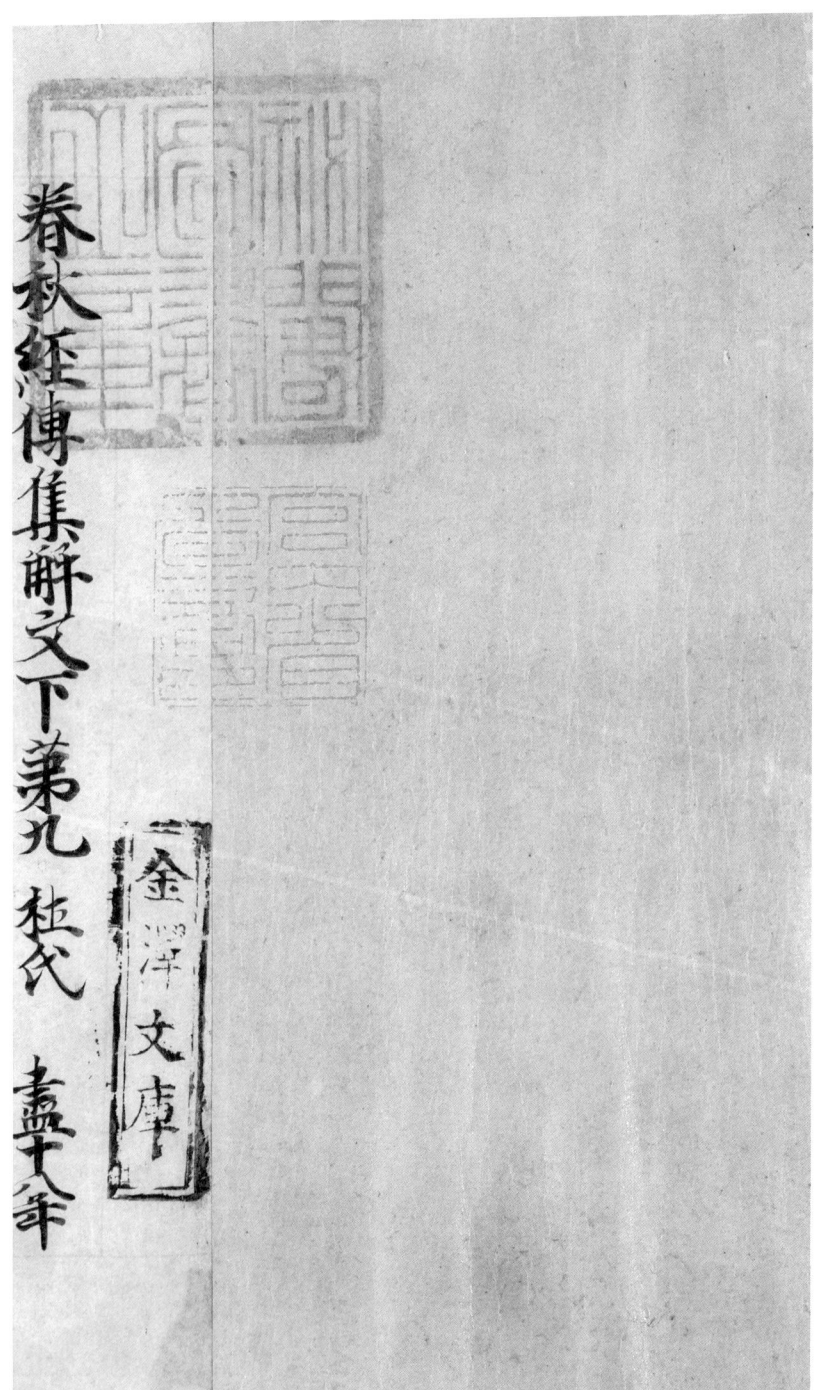

春秋經傳集解文下第九　杜氏　盡十八年

春秋經傳集解文下第九　杜氏　盡十八年

正十五

經十有一年春楚子伐麇九倫反討前年逃厥貉會也

夏叔仲彭生會晉郤缺于承匡承匡宋地也在陳留襄邑縣西彭生叔仲惠伯也郤缺冀缺也秋曹伯來朝公子遂如宋狄侵齊冬十

伯來朝公子遂如宋狄侵齊冬十月甲午叔孫得臣敗狄于鹹（鹹魯地也）

傳十一年春楚子伐麇成大心敗麇師於防渚（成大心子玉之子大孫伯也防渚麇地也）潘崇復伐麇至于錫穴（錫穴麇地也）夏叔仲惠伯會晉郤缺于承匡謀諸侯之

仲惠伯會晉郤缺于承筐謀諸侯之從於楚者也九年陳鄭及楚平十年宋聽楚命也秋曹文公来朝即位而来見也襄仲聘于宋且言司城蕩意諸而復之八年意諸来奔歸不書史失之也因賀楚師之不害也往年楚次厥貉將以伐宋也鄋瞞侵齊

長 如字又直亮反
僑 本作喬 其驕反

告也將以伐宋也鄋瞞侵齊 鄋 所求反 説文作鄋 一方先字反 瞞
狄國名也防風之後漆姓也遂伐我公卜使叔孫得臣追之吉侯叔夏御莊叔 夏 戸雅反 莊叔得臣也綿房甥為右冨父終甥駟乘 乘 繩證反注及下皆同 駟乘四人共車也冬十月甲午敗狄于鹹獲長狄僑如僑如鄋瞞國之君也蓋長三丈獲僑如不書賤
我狄

僑本作喬 其驕反

長狄僑如長三丈獲僑如不書賤夷狄也富父終甥摏其喉以戈殺之摏猶衝也埋其首於子駒之北門子駒魯郭門也骨節非常恐後世恠之故詳其處也以命宣伯得臣待事而名其三子因名宣伯曰僑如以旌其功也初宋武公之世鄋瞞伐宋在春秋前也司徒皇

名 如字或亡政反

樂（本乍点　作御　魚呂反）

公之世叟瞞伐宋　前也

司徒皇父帥師禦之耏班御皇父充石　皇父戴公子充石皇父名也　公子穀甥為右司寇牛父駟乘以敗狄于長丘　長丘宋地也　獲長狄緣斯　緣斯僑如之先也　皇父之二子死焉　皇父與穀甥及牛父皆死故耏班獨受賞也　宋

子死焉死故耏班獨受賞也宋公於是以門賞耏班使食其征門關門也征稅也謂之耏門晉之滅潞也在宣十五年也獲僑如之弟焚如齊襄公之二年魯桓之十六年也鄋瞞伐齊齊王子成父獲其弟榮如榮如焚如之弟也焚如後死而先説者欲其兄弟伯季相次之義

壽如字一ク　授

成父獲其弟榮如也焚如後死而
先說者欲其兄弟伯季相次也榮
如以魯桓十六年死至宣十五年
一百三歲其兄猶在傳言既長且
壽有異於人也王子成父齊大夫
也埋其首於周首之北門周首齊邑也濟
北穀城縣東衛人獲其季弟簡如
北有周首亭
伐齊退走至鄋瞞由是遂亡長狄
衛見獲也之種
絶

衛見獲也……之種絶也
郕太子朱儒自安於夫鍾安處也夫鍾郕邑也國人弗徇徇順也為明年郕伯來奔傳也
經十有二年春王正月郕伯來奔稱爵見公以諸侯禮逆也杞伯來朝復稱伯舍夷禮也二
月庚子子叔姬卒既嫁成人雖見出棄猶以恩錄
其卒……吴楚間小國

所用之□知女乘出集猶以息録

其卒也

夏楚人圍巢

巢吴楚間小國也廬江六縣東有居巢城

秋滕子來朝秦伯使術來聘

術不稱氏史略文也

冬十有二月戊午晉人秦人戰于河曲

不書敗績交綏而退不大崩也稱人秦晉無功以微者告皆陳曰戰例在莊十一年河曲在河東蒲坂縣南

在莊十一年河曲在河東蒲坂縣南也

季孫行父帥師城諸及鄆莒魯所爭者也城陽姑幕縣南有員即鄆也以其遠逼外國故帥師城之

傳

十二年春郕伯卒郕人立君太子自安於外邑敬也

太子以夫鍾與郕邽來奔郕邽亦邑也

公以諸侯逆之非禮也非公

寵叔

邑也　公以諸侯逆之非禮也　公
寵叔人也　故書曰郕伯來奔不書地尊
諸侯也　既尊以為諸侯故不役見其竊邑之罪也　杞桓
公來朝始朝公也　公即位始來朝也　且請
絶叔姫而無絶婚公許之　不絶婚立其娣
以為夫人也　不書　二月叔姫卒不
大歸　未歸而卒也

未笄　古兮反

未笄　古兮反

大歸未歸而卒也　二月叔姬卒不
言杞絕也既許其絕故不言杞也書叔姬言
非女也女未笄而卒不書也楚令尹大孫伯
卒成嘉為令尹若敖曾孫子孔也群舒叛
楚群舒偃姓舒庸舒鳩之屬也今廬江南有舒城〻〻西南有龍
舒也夏子孔執舒子平及宗子遂圍

也
夏子孔執舒子平及宗子遂圍
巢平舒君名也宗巢二國羣舒之屬也秋滕昭公來
朝杞始朝公也秦伯使西乞術來
聘且言將伐晉襄仲辭玉曰君不
忘先君之好照臨魯國鎮撫其社
稷重之以大器寡君敢辭玉大器圭璋
也不敢致與秦

要 於堯反 下同

襚重之以大器寡君敢辭玉
也不敢欲與秦爲好故辭玉也對曰不腆幣器不
足辭也腆厚也主人三辭賓荅曰寡
君願徼福于周公魯公以事君徼要
也魯公伯禽也言願事君以并蒙先君之福也不腆先君
之幣器使下臣致諸執事以爲瑞

之常器使下臣致諸執事以為瑞節之信也出聘必告廟故稱先君之器要結好命所以藉寡君之命結二國之好藉薦也是以敢致之襄仲曰不有君子其能國乎國無陋矣厚賄之賄贈送也秦為令狐之役故冬秦伯伐晋取羈

令狐役在七年

焉令狐之役故冬秦伯伐晉取羈
馬令狐役在七年羈馬晉邑也晉人禦之趙盾
將中軍荀林父佐之林父代先克也郤缺
將上軍代箕鄭也臾駢佐之代林父也欒盾
將下軍欒枝子也代先蔑也胥甲佐之胥臣子也
代先都也范無恤御戎代步招也以從秦師

都也　范無恤御戎招也以從秦師

于河曲臾駢曰秦不能久請深壘

固軍以待之從之秦人欲戰秦伯

謂士會曰若何而戰晉士會七年奔秦也對

曰趙氏新出其屬曰臾駢必實為

此謀將以老我師也臾駢趙有屬大夫也新出

佐上

山誘將以老我師也　大夫也新出

佐上軍也　趙有側室曰穿晉君之壻也

側室枝子也穿趙夙庶孫也　有寵而弱不在軍

事　弱年少也又未嘗涉知軍事也　好勇而狂且惡

臾駢之佐上軍也若使輕者肆焉

其可　肆暫往而退也　秦伯以璧祈戰于河

禱丁老反　一立丁報反

其可　而退也　秦伯以璧祈戰于河

禱求勝也　十二月戊午秦軍掩晉上軍

趙穿追之不及　上軍不動趙穿獨追之也　反怒

曰裹糧坐甲固敵是求敵至不擊

將何俟焉　軍吏曰將有待也　待可擊也　穿

曰我不知謀將獨出乃以其屬出

曰我不知謀將獨出乃以其屬出

宣子曰秦獲穿也獲一卿矣傳卅三年

晉侯以一命命郤缺為卿不在軍

帥所類反

帥之數然則晉自有散位從卿者

散悉但反

也

秦以勝歸我何以報乃皆出戰

交綏司馬法曰逐奔不遠從綏不

及逐奔不遠則難誘從綏不

及則難陷然則古名退軍為綏秦

晉志未能堅戰短兵未致爭而兩

晉志未能堅戰短兵未致爭而兩退故曰交綏也秦行人夜戒晉師曰兩君之士皆未憖（魚覲反又魚轄反方言云傷也字林云問也牛吝反）也明日請相見也

臾駢曰使者目動而言肆懼我也（目動心不安言肆聲放失常節也）將遁（徒困反）矣薄（蒲莫反下同）諸河必敗之（薄迫也）胥甲趙穿當軍門呼

河必敗之迫也胥甲趙穿當軍門呼
曰死傷未收而棄之不惠也不待
期而薄人於險無勇也乃止晉師止也
爲宣元年晉放胥甲傳也秦師夜遁復侵晉入
瑕城諸及鄆書時也

經十有三年春王正月夏五月壬午
無傳

經十有三年春王正月夏五月壬午
陳侯朔卒無傳再同盟也邾子蘧蒢卒未同
盟而赴以名也自正月不雨至于秋七月
無傳義與二年同也太室屋壊太廟之室也冬公
如晉衛侯會公于沓沓地闕也狄侵衛
無傳十有二月己丑公及晉侯盟十二
月無己丑己丑十

傳十有二月己丑公及晉侯盟二月無己丑己丑十一月十一日也公還自晉鄭伯

棐芳味反又非尾反

會公于棐鄭地也

傳十三年春晉侯使詹嘉處瑕以守桃林之塞詹嘉晉大夫也賜其瑕邑令帥衆守桃林以備秦桃林在弘農華陰縣東潼關也晉人患秦之用

陰縣東潼關也　晉人患秦之用

士會也夏六卿相見於諸浮　諸浮晉地

也

趙宣子曰隨會在秦賈季在狄

難日至矣若之何　六年賈季奔狄也　中行

桓子曰請復賈季　中行桓子荀林父也傳廿八年

始將中行故以為氏　能外事且由舊勳　有狐偃之

勳

故以為氏能外事且由舊勳偃之
舊功郤成子曰賈季乱且罪大殺陽處父
故也不如隨會能賤而有恥柔而不
犯不可犯以不義也其知足使也且無罪
乃使魏壽餘偽以魏叛者以誘士
會執其帑於晉使夜逸魏壽餘畢萬之後帑
壽餘 許受

會執其帑於晉使夜逸萬之後帑
壽餘子也請自歸于秦〻伯許之許受其邑
也履士會之足於朝躡士會足欲使行也秦
伯師于河西將取魏也魏人在東今河北縣
於秦為在河之東也壽餘曰請東人之能與
夫二三有司言者吾與之先欲與晉人

夫二三有司言者吾與之先晉人

在秦者共先告使士〻會〻辭曰

踰魏有司也

晉人虎狼也若背其言臣死妻子

為戮無益於若不可悔也

肆行示已無去心也

秦伯曰若背其言所不歸爾帑

者有如河

言必歸其妻子

明白如河也

乃行繞

策本作筴 初革反

者有如河明白如河也乃行繞
朝贈之以策馬檛也臨別授之
馬檛並示已所策以
展情也繞朝
秦大夫也
曰子無謂秦無人吾
謀適不用也亦已覺
其情也既濟魏人譟
而還喜得
士會秦人歸其帑其處者為
劉氏士會堯後劉累之胤
也別族復累之姓也邾文公

檛張瓜反 馬杖也

譟素報反

釜□也別族復累之姓也邾文公

卜遷于繹繹邾邑也魯國鄒縣北有繹山也史曰

利於民而不利於君邾子曰苟利

於民孤之利也天生民而樹之君

以利之也民既利矣孤必與焉左

右曰命可長也君何弗為邾子曰

右曰命可長也君何弗為邾子曰
命在養民死之短長時也民苟
利矣遷也吉莫如之左右以一人
之命為言文
公以百姓之命為主也一人之命
各有長短不可如何百姓之命乃
傳世無窮故從之也
遂遷于繹五月邾文公
卒君子曰知命秋七月太室之屋
簡慢宗廟使至傾頹

卒君子曰知命秋七月大室之屋

壞書不恭也　簡慢宗廟使至傾頽故書以見臣子之不恭也

冬公如晉朝且尋盟衛侯會公

于沓請平于晉公還鄭伯會公于

棐亦請平于晉公皆成之　鄭衛貳於楚畏晉故因公請平也

鄭伯與公宴于棐子家

[illegible]子家鄭大夫公子歸生也

為于僞反　下皆同

請平也
鄭伯與公宴于棐子家
賦鴻鴈　子家鄭大夫公子歸生也　鴻鴈詩小雅義取侯伯哀
恤鰥寡有征行之勞　言鄭國寡弱欲使魯侯還晉恤之也　季文
子曰寡君未免於此　言亦同有微弱之憂也
文子賦四月　四月詩小雅義取行役踰時思歸祭祀也
不欲為還晉也
子家賦載馳之四章　載馳詩鄘
風也四章以下義取小國

不下皆同

還晉也　子家賦載馳之四章　詩鄘方容風也。四章以下義取小國有急欲引大國以救助也。

捷在接反

文子賦采薇之四章　采薇詩小雅也。義取其豈敢定居一月三息暫反又如字捷許為鄭還。不敢安居也。鄭伯拜　謝公為行也。公荅拜

經十有四年春王正月公至自晉　無傳

經十有四年春王正月公至自晉傳告於廟也邾人伐我南鄙叔彭生帥師伐邾夏五月乙亥齊侯潘卒七年盟于扈乙亥四月廿九日書五月從赴也六月公會宋公陳侯衛侯鄭伯許男曹伯晉趙盾癸酉同盟于新城新城宋地也在梁國穀熟縣西秋

竟 古境

盾同盟于新城梁國穀熟縣西有

七月有星孛入于北斗孛彗也既見而移入北斗也非常所有故書也公至自會無傳晉人納捷菑于邾弗克納邾有成君晉趙盾不廢於義而大興諸侯之師涉邾之境見辭而退雖有服義之善所興者廣所容者衆故聡稱人也九月甲申公孫敖卒于

稱人也

九月甲申公孫敖卒于齊既許復之故從大夫例書卒也

齊公子商人弒其君舍未踰年而稱君者先君既葬舍已即位也弒君例在宣四年也

宋子哀來奔大夫奔例書名氏貴之故書字也

冬單伯如齊單伯周卿士也為魯如齊故書也

齊人執單伯諸侯無執王使之義故不依行

也齊人重單伯之義故不依行人例

齊人執子叔姬 叔姬魯女齊侯舍之母也

不稱夫人自魯錄之文母辭也

傳十四年春頃王崩周公閲與王孫蘇爭政故不赴凡崩薨不赴則不書禍福不告亦不書 奔亡禍也 歸復福也 懲

欲使怠慢

妃 方配本亦作配

書禍福不告亦不書 歸復福也懲
不敬也 欲使怠慢者自戒也 邾文公之卒也
在前年也 公使弔焉不敬邾人來討伐
我南鄙故惠伯伐邾子叔姬妃齊
昭公生舍叔姬無寵舍無威公子
商人驟施於國 驟數也商人桓公子 而多聚

商人驟施於國人桓公子而多聚

士盡其家賞償於公有司以繼

盡從公及國之

有司富者貸也夏五月昭公卒舍

即位邾文公元妃齊姜生定公二

妃晉姬生捷菑文公卒邾人立定

公捷菑奔晉六月同盟于新城從

〔弒　云試本又作殺〕

〔蓄　勅六反本又作畜〕

公捷菑奔晉六月同盟于新城從於楚者服從楚者陳鄭宋也且謀邾也謀納捷菑也秋七月乙卯夜齊商人弒舍而讓元元商人兄齊惠公也書九月從告七月無乙卯日誤也元曰爾求之久矣我能事爾〻不可使多蓄憾恨多也不為者則將免我

〔憾　本又作感户暗反恨也〕

蓄 敕六反 本又作畜　徼 古堯反　弑 音試下

不可使多蓄憾 恨多也 將死我 憾 本又作感 戶暗反 恨也
子爾為之 言將徼我也 有星孛入于北
斗周内史叔服曰不出七年宋齊
晉之君皆將死亂 後三年宋弑昭公五年齊弑懿公七年晉弑靈公史服但言事徵而不論其占固非末學所得詳言也
晉趙盾以諸侯之師八百乘納 乘 繩證反注同

貜俱縛反徐俱碧反

晉趙盾以諸侯之師八百乘納繩證反注同捷菑于邾八百乘六万人言力有餘也邾人辭曰齊出貜且長貜且定公也子餘反丁丈反宣子曰辭順而弗從不祥乃還立適以長故曰辭順周公將與王孫蘇訟于晉王叛王孫蘇王廷王也叛不與也而使尹氏與聃啓訟周公

不與也而使尹氏與聃啓訟周公
于晉訟理之也尹氏周卿士聃啓周大夫趙宣子
平王室而復之復使和親楚莊王立穆王
子也子孔潘崇將襲羣舒使公子燮
與子儀守而伐舒蓼即羣舒也二子作
乱城郢而使賊殺子孔不克而還

乱城郢而使賊殺子孔不克而還

八月二子以楚子出將如商密國語曰楚莊王幼弱子儀為師王子燮為傅也廬戢梨及叔麇誘之遂殺鬬克及公子燮廬今襄陽中廬縣戢梨廬大夫叔麇其佐也鬬克子儀也初鬬克囚于秦在僖廿五年也秦有殽之敗在僖卅三年也

戢側立反　廬力於反又音盧注同　麇九倫反

于蔡五年也蔡有齊之貺三年也而使歸求成々而不得志無賞報也公子燮求令尹而不得故二子作乱傳言楚莊王幼弱國内乱所以不能與晉競也

穆伯之従己氏也在八年也魯人立文伯穆伯之子穀也

穆伯生二子於莒而求復文伯以

穆伯生二子於莒而求復文伯以為（如字又于偽反下以ㇳ請同十五年亦放此）請襄仲使無朝聽命復而不出不得使與（預）聽政事終寢於家故出入不書也三年而盡（津忍反）室以復（扶又反）適莒文伯疾而請曰穀之子弱子孟獻子年尚少（詩照反）也請立難也難（乃多反又如字）穀弟也許之文伯卒立惠叔穆伯請重賂以

之文伯卒立惠叔穆伯請重賂以
求復惠叔以為請許之將來九月
卒于齊告喪請葬弗許請以卿礼葬也宋
高哀為蕭封人以為卿蕭宋附庸也仕附庸
還非為卿也不義宋公而出遂來奔出而
待放從放所來故曰遂也書曰宋子哀來奔貴
其不食汙君……

来故曰遂也　書曰宋子哀来奔貴
之也　貴其不食汙君之祿辟禍速也　齊人定懿公
使来告難故書以九月　齊人不服故三月而後定也書以九月明經日月皆從赴也　齊公子元不
順懿公之為政也終不曰公曰夫
己氏　猶言某甲　襄仲使告于王請以王
昭姬子

己氏其甲襄仲使告于王請以王
寵求昭姬于齊昭姬子叔姬也曰殺其子
焉用其母請受而罪之冬單伯如
齊請子叔姬齊人執之恨魯恃王勢以求女故也
又執子叔姬欲以恥辱魯也
經十有五年春季孫行父如晉三月

經十有五年春季孫行父如晉三月

宋司馬華孫来盟華孫奉使鄰國能臨事制宜至魯而後定盟故不稱使其官皆從故書司馬也

夏曹伯来朝魯人歸公孫敖之喪大夫喪還不書善魯感子以赦父敦公族之恩崇仁孝之教故特録敖喪歸以示義也

六月辛丑朔日有食之鼓用牲于

傳

六月辛丑朔日有食之鼓用牲于社傳例曰非礼也單伯至自齊晉郤缺帥師伐蔡戊申入蔡傳例曰獲大城曰入秋齊人侵我西鄙季孫行父如晉冬十有一月諸侯盟于扈將伐齊晉侯受賂而上故摠曰諸侯言不足序列也十有二月齊人來歸

不足序列也（才元）十有二月齊人來歸

子叔姬（齊人以王故來送子叔姬故與直出者異文也）齊

侯侵我西鄙遂伐曹入其郛（郛郭也）

傳十五年春季文子如晉為單伯與

子叔姬故也（曰晉請齊也）三月宋華耦

來盟其官皆從（從才用反注放同又如字）之書曰宋司馬華

来盟其官皆從之書曰宋司馬華
孫貴之也古之盟會必倫威儀崇
贄幣賓主以成礼為敬
故傳曰卿行旅從春秋時率多不
能倫威儀華孫能帥其屬以從古
典所以敬事而自重也使重而事
敬魯尊而礼薦故貴而不名也
公與之宴辭曰君之先臣督得罪
於宋殤公名在諸侯之策臣承其

在裏

於宋殤公名在諸侯之策臣承其
祀其敢辱君耦華督曾孫也督弑
殤公在桓二年耦自
以罪人子孫故不敢屈
辱魯君對共宴會也請承命於
亞旅（於嫁反）亞旅上大夫也魯人以為敏無故揚其先祖
之罪是不敏也魯人以為敏明君子所不與也夏曹伯来
朝礼也諸侯五年再相朝以脩王
十一年曹伯来朝雖

葬禮也諸侯五年再相朝以脩王命古之制也　十一年曹伯来朝雖至此乃来亦五年也

傳為冬齊侯伐曹張本也

齊人或為孟氏謀　孟氏公孫敖家慶父為長庶故或稱孟氏也

曰魯爾親也

飾棺寘諸堂阜　堂阜齊魯境上地飾棺不殯示無所歸也

魯必取之從之卞人以告　卞人魯卞

也

魯必取之從之卞人以告卞魯

邑大夫也惠叔猶毀以爲請敖卒則惠叔請之至

今朞年而未已也毀過喪禮也立於朝以待命許

之取而殯之殯於孟氏之寢終叔服之言也齊人

送之書曰齊人歸公孫敖之喪爲

孟氏且國故也爲惠叔毀請且國之公族故聽其歸

孟氏且國故也之公族故聽其歸殯而書之葬視共仲制如慶父皆以罪降也聲己不視帷堂而哭聲己惠叔母也怨敖從莒女故帷堂也襄仲欲勿哭怨敖取其妻也惠伯曰喪親之終也惠伯叔彭生也雖不能始善終可也史佚有言曰兄弟致美各盡其美義乃

可也史佚有言曰兄弟致美其美
義乃終也救乏賀善弔災祭敬喪哀情
雖不同無絶其愛親之道也子無
失道何怨於人襄仲說帥兄弟以
哭之他年其二子來穀在莒所生也孟獻
子愛之聞於國獻子穀之子仲孫蔑也或譖

鼆 又作䵴 莫耿反

子愛之聞於國仲孫蔑也或譖之曰將殺子獻子以告季文子二子曰夫子以愛我聞我以將殺子聞不亦遠於禮乎遠禮不如死一人門于句鼆一人門于戾丘皆死焉句鼆戾丘魯邑也有寇攻門二子禦之而死也六月辛

去　起呂反
饌　仕眷反

丘
攻門二子禦之而死也
六月辛丑朔日有食之鼓用牲于社非礼也得常鼓之月而於社用牲為非礼也日有食之天子不舉去盛饌也伐鼓于社責群陰也伐猶擊也諸侯用幣于社社尊於諸侯故請救而不敢責之也伐鼓于朝退自責也以昭事神訓民事

伐鼓于朝責也以昭事神訓民事
君天子不擧諸侯用幣所以事神也尊卑異制所以訓民也示
有等威古之道也等威〻儀之等差也齊人許
單伯請而赦之使来致命以單伯執節不
移且畏晉故許之也書曰單伯至自齊貴之
也單伯為魯拘執既免而不廢新礼終来致命故貴而告廟也

為于偽反下似〻同

也礼終来致命故貴而告廟也新

城之盟在前年也蔡人不與不會盟也晉郤

缺以上軍下軍伐蔡兼帥二軍也曰君

弱不可以怠懈也戊申入蔡以城

下之盟而還凡勝國曰滅之勝國絶其

社稷有其土地也獲大城焉曰入之得大都而

使所吏反下王同

獲大城焉曰入之　都而
土地也　也
不有　秋齊人侵我西鄙故季文子
之也　告于晉冬十一月晉侯宋公衛侯
蔡侯陳侯鄭伯許男曹伯盟于扈
尋新城之盟且謀伐齊也　齊執王使且數
伐魯也　齊人賂晉侯故不克而還於

也

齊人賂晉侯故不克而還於

是有齊難是以公不會 明今不序諸侯不以公不會故也

書曰諸侯盟于扈無能為故也 惡其受賂不能討齊也

凡諸侯會公不與不書諱君惡也 謂國無難不會義事故為惡也

不書謂不國別序諸侯也

與而不書後也 謂後期也

別席諸侯也其所不書侯也明也
今貶諸侯似為公諱故傳發例以明之也齊人來歸子
叔姬王故也單伯雖見執能守節不移終達王命使叔
姬得歸也齊侯侵我西鄙謂諸侯不能
也不能討已遂伐曹入其郛討其來朝
也此年夏朝也季文子曰齊侯其不免
執王使而

也
朝也
季文子曰齊侯其不免
乎己則無礼執王使而伐無罪也而討於有
礼者曰汝何故行礼ゝ以順天ゝ
之道也己則反天而又以討人難
以免矣詩曰胡不相畏不畏于天
詩小雅也君子之不虐幼賤畏于天也

雅也君子之不虐幼賤畏于天也在周頌曰畏天之威于時保之詩周頌言畏天威於是保福祿也不畏于天將何能保以亂取國奉礼以守猶懼不終多行無礼弗能在矣為十八年齊弑商人傳也

經十有六年春季孫行父會齊侯于

經十有六年春季孫行父會齊侯于

陽穀齊侯弗及盟　及與也　夏五月公

四不視朔　諸侯每月必告朔聽政因朝于廟今公以疾闕不

得視二月三月四月五月朔也春

秋十二公以疾不視朔非一也義

無所取故特舉此以表行事因明公之實有疾非詐齊也　六月

戊辰公子遂及齊侯盟于郪丘　信　公

戊辰公子遂及齊侯盟于郪丘公疾且以賂故也郪丘齊地也秋八月辛未夫人姜氏薨傳公夫人文公母也毀泉臺泉臺〻名毀壞之也楚人秦人巴人滅庸冬十有一月宋人弒其君杵臼稱君〻無道也例在宣四年也

也

傳十六年春王正月及齊平齊前年再伐魯〻爲受弱故平也公有疾使季文子會齊侯于陽穀請盟齊侯不肯曰請俟君閒〻疾瘳也夏五月公四不視朔疾也公使襄仲納賂于齊侯故盟郪

閒如字　瘳勑周反

也公使襄仲納賂于齊侯故盟郪
丘有蛇自泉宮出入于國如先君
之數 伯禽至僖公十七君也 秋八月辛未聲
姜薨毀泉臺 魯人以為蛇妖所出而聲姜薨故壞之也
楚大飢戎伐其西南至于阜山師
于大林又伐其東南至于陽丘以

于大林又伐其東南至于陽丘以侵訾枝戎山夷也大林陽丘訾枝皆楚邑也庸人帥群蠻以叛楚庸今上庸縣也屬楚之小國也麇人率百濮聚於選將伐楚選楚地也百濮夷也於是申息之北門不啓備中國也楚人謀徙於阪高楚險地也蔿賈曰不可我

謀徙於阪高（地也）蔿賈曰不可我
能往寇亦能往不如伐庸夫麇與
百濮謂我飢不能師故伐我也若
我出師必懼而歸百濮離居將各
走其邑誰暇謀人乃出師旬有五
日百濮乃罷（濮夷無屯聚見難則散歸也）自廬

七徒門反　聚才住反又如字乃且反　難又如字

聚才住反又如字　難乃旦反又如字

日百濮乃罷　雖則散歸也　自廬力於反又力盧

以往振廩同食　往伐庸也振發廩倉也同食上

下無異饌也　次于句澨　句古侯反　澨市世反　楚西界也　使廬戢棃侵

庸　戢棃廬大夫也　及庸方城　方城庸地也上庸縣東有

方城亭也　庸人逐之囚子揚窗　窗初江反　子揚窗戢棃官屬也

三宿而逸曰庸師衆群蠻聚焉不

三宿而遁曰庸師衆群蠻聚焉不如復大師還復句且起王卒合而後進師叔曰不可師叔楚大夫潘尫也姑又與之遇以驕之彼驕我怒而後可克先君蚡冒所以服陘隰也蚡冒楚武王父陘隰地名也又與之遇七遇皆北軍走

冒莫報反史記楚世家云蚡冒卒弟熊達殺蚡冒子而代立是為楚武

弟熊達殺蚡冒子而代立是為楚武王与私異

地名也　又與之遇七遇皆北
曰唯裨鯈魚人實逐之　裨鯈魚庸三
北　邑魚〻復縣
今巴東永安縣也輕楚　庸人曰楚
故但使三邑人逐之也
不足與戰矣遂不設備楚子乘馹
會師千臨品　馹傳車也　分為二隊
臨品地名
〻部也兩
道攻之也　子越自石溪子負自仞

貝　補義云今俗本多作負古云

鯈　直留反　裨　婢支反　馹　人實反　傳　丁戀反　隊　徒對反注同　溪　苦兮反本又作谿　仞　人慎反

貝 今俗本多作負 云云

道攻之也子越自石溪子貝自仞以伐庸子越闘椒也石溪仞入庸道也秦人巴人從楚師群蠻從楚子盟蠻見楚强故也遂滅庸傳言楚有謀臣所以興也宋公子鮑禮於國人鮑昭公庶弟文公也宋飢竭其粟而貸之年自七十以上無不饋詒也時

之弟自七十以上無不饋詒也時加羞珍異羞進也無日不數於六卿之門數不疏也國之材人無不事也有賢才者也親自桓以下無不恤也桓鮑之曾祖也公子鮑美而豔襄夫人欲通之鮑適祖母也而不可以礼自防閑也乃助之施昭

時掌反　其媿反　以支反又以志反遺也　適丁歷反　豔以驗反　施式豉反

鱹古乱反

也而不可防閑也夫人助之施昭
公無道國人奉公子鮑以因夫人
於是華元為右師元華督曾孫也代公子成也
公孫友為左師華耦為司馬代公子卬
也鱗鱹為司徒蕩意諸為司城公
子朝為司寇代華御事初司城蕩卒公
壽蕩之

子朝爲司寇 御事 初司城蕩卒公
孫壽辭司城 壽蕩之子也 請使意諸爲
之 意諸壽之子也 既而告人曰君無道吾
官近懼及焉 禍及已也 棄官則族無所
庇 沙利反又悲位反
庇子身之貳也姑紓死焉 姑且也 紓緩也
雖亡子猶不亡族 己在故也 既夫人將

羣臣子猶不臣務敬也既夫人將
使公田孟諸而殺之公知之盡以
寶行蕩意諸曰盡適諸侯公曰不
能其大夫至于君祖母以及國人
君祖母諸侯祖母之稱也謂襄夫人諸侯誰納我且
既為人君而又為人臣不如死盡

既爲人君而又爲人臣不如死盡
以其寶賜左右而使行不去也夫人使
謂司城去公對曰臣之而逃其難
若後君何言無以事後君也冬十一月甲寅
宋昭公將田孟諸未至夫人王姬
使帥甸攻而殺之襄夫人周襄王姊故稱王姬帥

使帥甸攻而殺之姊故稱王姬帥

甸郊甸之帥也蕩意諸死之不書不告也書曰

宋人弒其君杵臼君無道也始例發於

臣之罪令稱國人故重明君罪也文公即位使母

弟須為司城代意諸也華耦卒而使蕩

虺為司馬虺意諸之弟也

虺為司馬之弟也

經十有七年春晉人衛人陳人鄭人伐宋自閔僖以下終於春秋陳侯常在衛侯上今大夫會在衛下傳不言陳公孫寧後至則寧位非上卿故也夏四月癸亥葬我小君聲姜齊侯伐我西鄙西當為北蓋經誤也六月癸未公及齊侯盟

盖經誤也六月癸未公及齊侯盟
于穀諸侯會于扈　昭公雖以無道
見弑而文公猶
宜以弑君受討故林父伐宋以失
所稱人晉侯平宋以無功不序明
君雖不君臣不可以不臣所以督大教也　秋公至自穀
冬公子遂如齊
傳十七年春晉荀林父衛孔達陳公

傳十七年春晉荀林父衞孔達陳公孫寧鄭石楚伐宋討曰何故弑君猶立文公而還卿不書失其所也卿不書謂稱人夏四月癸亥葬聲姜有齊難是以緩乃且文下及注皆ー過五月之例也齊侯伐我北鄙襄仲請盟六月盟于穀晉不能救魯故請服

襄仲請盟。六月，盟于穀。〔魯故請服也〕

晉侯蒐于黄父，〔一名黒壤，晉地也〕遂復合諸侯于扈，平宋也。〔傳不列諸國，而言復合，則如上十五年會扈之諸侯可知也〕公不與會，齊難故也。書曰諸侯，無功也。〔刺欲平宋而復不能也〕

於是晉侯不見鄭伯，以爲貳於楚

也
於是晉侯不見鄭伯以爲貳於楚
也鄭子家使執訊而與之書以告
趙宣子　執訊通訊問之官爲書與宣子也　曰寡君
即位三年　魯文公二年也　召蔡侯而與之
事君九月蔡侯入于敝邑以行　朝
晉　敝邑以侯宣多之難寡君是以
也

弊邑以侯宣多之難寡君是以

也 不能與蔡侯偕 宣多既立穆公恃寵專權也 十

一月克減侯宣多而隨蔡侯以朝

于執事 減損也雖未盡而行 言汲〻朝於晉也 十二

年六月歸生佐寡君之嫡夷 歸生子家

名也 夷太子名 以請陳侯于楚而朝諸君

請

蕆トヽノフ注曰蕆整云々本作此然而勘諸摺本蕆勅云々勅旨勞徠之徠也其訓可爲勞也

太子名以請陳侯于楚而朝諸君請陳於楚與俱朝晉也十四年七月寡君又朝以蕆陳事蕆整也整成前好也十五年五月陳侯自敝邑往朝于君往年正月燭之武往朝夷也將夷往朝晉也八月寡君又往朝以陳蔡之密邇於楚

寡君又往朝以陳蔡之密邇於楚
而不敢貳焉則敝邑之故也密邇比近
也雖敝邑之事君何以不免罪也
在位之中一朝于襄公也而再見
於君靈公也夷與孤之二三臣相及
於絳孤之二三臣謂燭之武歸生自謂也絳晉國都也雖

茠虚求反　蔭於鴆反

於絳生自謂也絳晉國都也雖
我小國則蔑以過之矣今大國曰尒
未逞吾志敝邑有亡無以加焉古
人有言曰畏首畏尾身其餘幾言首
居豈反　尾有
畏則身中不畏者少也又曰鹿死不擇音
所
茠蔭之處也古字
小國之事大國
聲同皆相假借也
以德加己則以

鋌 他頂反

茠 丘利反 又態位反 本或作林

竟 音境

儕同皆相假借也小國之事大國也德則其人也以德加已則以人道相事也不德則其鹿也鋌而走險急何能擇鋌疾走貌也言急則欲蔭茠於楚如鹿赴險之也命之罔極亦知亡矣言晋命無極也將悉敝賦以待於鯈唯執事命之鯈晋鄭之境也言欲以兵距晋

鯈 直留反

竟
衽於從吖棄事何之也言欲以兵
跓晉也文公二年六月壬申朝于齊
鄭文公二年六月壬申魯莊廿三年六月廿日也四年二
月壬戌為齊侵蔡魯莊廿五年二月無壬々戌々
三月廿日也亦獲成於楚鄭與楚成也居大
國之間而從於強令豈其罪也令猶
令

國之間而從於強令豈其罪也歸
令大國若弗圖無所逃命晉鞏朔
也行成於鄭趙穿公壻池爲質焉趙
穿
卿也公壻池
晉侯女壻也秋周甘歜敗戎于邥
垂乘其飲酒也
歜周大夫也邥垂
周地河南新城縣
北有邥垂亭也爲成元年
晉侯平戎于王張本也冬十月

晉侯平戎于王張本也　冬十月
鄭太子夷石楚為質于晉夷靈公也石楚鄭大夫也
襄仲如齊拜穀之盟復曰臣
聞齊人將食魯之麥以臣觀之將
不能齊君之語偷減文仲有言曰
民主偷必死偷猶苟且也

民主偷必死且也

經十有八年春王二月丁丑公薨于

罃 於耕反

臺下秦伯罃卒（無傳不同盟而赴以名也）夏五

月戊戌齊人弒其君商人（不稱盜罪商人）

六月癸酉葬我君文公秋公子遂

叔孫得臣如齊（書二卿以兩事行非相爲介也）

討孫得臣如齊行非相為介也冬

弑申志反本文作殺

十月子卒先君既葬不稱君者魯人諱弑以未成君書之也子在喪之稱也夫人姜氏歸于齊季孫行父如齊無傳莒弑其君庶其稱君君無道也

傳十八年春齊侯戒師期將以伐魯也而

傳十八年春齊侯戒師期魯也而
有疾醫曰不及秋將死公聞之卜
曰尚無及期尚庶幾也欲令先師期死也惠伯
令龜以卜事告龜也卜楚丘占之曰齊侯
之不及期非疾也君亦不聞言君先齊
侯於令龜有咎言令龜者亦有為咎見於卜兆為惠
也
白巳長

也令龜有咎見於卜兆爲惠
伯死張本也
二月丁丑公薨齊懿公之
爲公子也與邴歜昌欲反之父爭田弗勝
及即位乃掘其勿反又其月反而刖五刮反又五刮反之斷丁管反其尸足也而使
歜僕御也納閻職之妻而使職驂
乘驂乘陪乘也夏五月公游于申池齊南

扑　普卜反　字冝從手作木邊非也

乘　縄證反注同　乘也　夏五月公游于申池　南城西門名申門齊城無池唯此門左右有池疑此則是也　二人浴于池歜以扑抶職　扑箠也　市蘂反又之蘂反　抶擊也　欲以相感激也　激古歷反　抶敕乙反　職怒歜曰人奪女妻而不怒一抶女庸何傷　女音汝　職曰與刖其父而弗能病者何如　言不以父刖為病恨也　乃謀弒

能病者何如　為病恨也　乃謀弑
懿公納諸竹中歸舍爵而行　飲酒訖乃
去言齊人惡懿公　二人無所畏忌也　齊人立子元　桓公
子惠公也　六月葬文公秋襄仲莊叔如
齊惠公立故也且拜葬也　襄仲賀惠公立
莊叔謝齊來會葬也　文公二妃敬嬴生宣公

来會葬也　文公二妃敬嬴生宣公
敬嬴嬖而私事襄仲宣公長而屬
諸襄々仲々欲立之叔仲不可　叔仲
惠伯　仲見於齊侯而請立之齊侯
也
新立而欲親魯許之冬十月仲殺
惡及視而立宣公　惡太子也視其
母弟也殺視不
書殺

悪及視而立宣公母弟也敬視不書賤也

書曰子卒諱之也仲以君命

召惠伯詐以太子悪命也其宰公冉務人

止之曰入必死叔仲曰死君命可

也公冉務人曰若君命可死非君

命何聽不聽乃入殺而埋之馬共矢

命何聽不聽乃入殺而埋之馬矢
之中惠伯死不書者史畏襄仲不敢書殺惠伯也公冉
務人奉其帑以奔蔡既而復叔仲
氏不絶其後也夫人姜氏歸于齊大歸
也惡視之毋出姜也嫌與有罪出者不異故復發傳也將行
哭而過市曰天乎仲為不道殺嫡

適丁歴反

適丁歴反

哭而過市曰天乎仲爲不道殺嫡　古禾反又古卧反

立庶市人皆哭魯人謂之哀姜　所謂

出姜不
允於魯　莒紀公生太子僕又生季

佗愛季佗而黜僕且多行無禮於國　紀號也
莒

弑無謚故
有別號也　僕因國人以弑紀公以

其寶玉來奔納諸宣公公命與

其寶玉來奔納諸宣公〻命與
之邑曰今日必授季文子使司寇
出諸境曰今日必達未見公而文子出之故來
不書公問其故季文子使太史克
對曰先大夫臧文仲教行父事君
之禮行父奉以周旋弗敢失墜曰

之禮行父奉以周旋弗敢失隊曰（隊　直類反）

見有禮於其君者事之如孝子之

養父母也見無禮於其君者誅之（養　餘亮反）

如鷹鸇之逐鳥雀也先君周公制（鷹　於陵反　鸇　之然反説文上仙反字林巳仙反）

周禮曰則以觀德　則法也合法德

則為吉德也

以處事　處猶制也　事以度功　度量功以（度　待洛反注度下也）

匿女力反

以處事制也事以度功待洛反注及下同功以
食民食養也作誓命曰毀則為賊誓要
信也毀則壞法者也掩賊為藏掩匿也竊賄為
盜賄財也盜器為姦器國用也主藏之名
以掩賊為名也賴姦之用姦器也為大凶德
有常無赦刑有常也在九刑不忘誓命

不□無赦常也不□無□□命已下皆九刑之書也九刑之書今亡行父還觀莒僕莫可則還猶周旋也孝敬忠信為吉德盜賊藏姦為凶德夫莒僕則其孝敬則弒其君父矣則其忠信則竊寶玉矣其人則盜賊也其器則姦兆也兆域也保而利之則主藏也

[illegible]也 也 保而利之則主藏也

以訓則昏民無則焉不度於善 度

也 而皆在（於）凶德是以去之昔高陽 居

氏有才子八人 高陽氏帝顓頊之號也八人其苗裔 許玉反 以制反

數 五才反 一音五回反 又韋昭音魄

也 蒼舒隤敳檮戭大臨尨降庭堅 徒回反 直刃反又韋昭音桃 莫江反 下江反 以善反 漢書作戭 韋昭已震反

仲容叔達 此即垂益禹皋陶之倫也 庭堅即皋陶字也 音遙

仲容叔達也庭堅即睪陶字也

齊聖廣淵明允篤誠天下之民謂

之八愷齊中也淵深也允信也篤厚也愷和也高辛

氏有才子八人高辛代帝嚳之號也八人亦其苗裔

也伯奮仲堪叔獻季仲伯虎仲熊

叔豹季貍此即稷契朱虎熊羆之倫也忠肅共

契息列反偰字當作偰古文作离

叔豹季貍熊羆之倫也忠肅恭懿宣慈惠和天下之民謂之八元肅敬也懿善也宣徧也元善也此十六族也世濟其美不隕其名濟成也隕墜也以至于堯乚弗能舉舜臣堯舉八愷使主后土后土地官也禹作司空平水土則主地之官也以揆百

土平水土則主地之官也以揆百

事莫不時序地平天成揆度也成亦平也

舉八元使布五教于四方契作司徒五教

在寛故知契父義母慈兄友弟恭

在八元之中也

子孝内平外成内諸夏外夷狄也昔帝鴻

氏有不才子帝鴻黄帝也掩義隱賊好

嚚魚巾反　不則德義之經為頑　不道忠信之言為嚚

氏有不才子（帝也）掩義隱賊好

行凶德醜類惡物頑嚚不友是與

比周（醜亦惡也比近也周密也）天下之民謂之

渾敦（謂驩兜也渾敦不開通之貌）少皞氏有不

才子（少皞金天氏之号也次黃帝者也）毀信廢忠

崇飾惡言靖譖庸回服讒蒐慝以

崇飾惡言靖譖庸回服讒蒐慝以

誣盛德崇聚也靖安也庸用也回邪也服行也蒐隱也慝惡也盛德賢人也天下之民謂之窮奇謂恭工也其行窮其好奇也顓頊氏有不才子不可教訓不知話言話善也告之則頑德義不入心也舍之則嚚不道忠信也傲很明德

去　起呂反注及下皆同

心也舍之則嚚信也傲很明德 五報反 戶墾反 以亂天常天下之民謂之檮杌 徒刀反 五忽反 謂鯀也檮杌頑凶無疇匹之貌也 此三族也世濟其凶增其惡名以至于堯堯不能去 方以宣公比堯行父比舜故言堯亦不能去須賢臣而除之也 縉雲氏有不才子 縉雲黃帝時官名也 貪于飲

縉雲氏有不才子時官名也貪于飲

食冒于貨賄侵欲崇侈不可盈厭（於豔反）

聚斂積實不知紀極不分孤寡不

恤窮匱（其媿反）冒亦貪也盈滿也實財也天下之民以

比三凶非帝子孫故別以比三凶也謂之饕（他刀反）餮（他結反）

貪財為饕貪食為餮也舜臣堯為堯臣也賓于四

舜臣堯　……也　賓于四

食為饕也

聰 本亦作窻七工反
門闢四門達四聰流四凶族案四
以賓禮衆賢也　凶罪
狀而流　渾敦窮奇檮杌饕餮投諸
放之

螭 勑知反 山神獸
四裔以御螭魅　投棄也裔遠也放
之四遠使當螭魅
魅 亡備反 說文作彪云老精物也 或從未
之灾也螭魅山林異　是以堯崩而
氣所生為人害者也
天下如一同心戴舜以為天子以

天下如一同心戴舜以為天子以

其舉十六相去四凶也故虞書數

舜之功曰慎徽五典〻〻克從無

違教也徽美也典常也此八元之功也曰納于百

揆〻〻時序無廢事也此八凱之功也曰

賓于四〻門〻穆〻〻無凶人也流四

道、導
宋武氏之
族者後人

賓于四〻門〻穆〻無凶人也四

為舜有大功廿而為天子舉十六

也　相去四

為今行父雖未獲一吉人去一凶

也

矣於舜之功廿之一也庶幾免於

戾乎史克徽稱以辭宣公之惑釋

行文之志故其言美惡有過

辭蓋事宋武穆之族導昭公子將

宜也

文公殺昭公攻

宋武氏之族者後人取下文妄加之也

宜也

宋武氏之族道昭公子將奉司城須以作乱

文公殺昭公故武穆族欲曰其子以作乱也司城須文公弟也

十二月宋公殺母弟須及昭公子使戴莊桓之族攻武氏於司馬子伯之館

戴族華樂也莊族公孫師也桓族向魚鱗蕩也司馬子伯華耦也

遂出武穆

穆族黨於

遂出武穆

也司馬子伯華稱也

之族穆族黨於使公孫師為司城

族武氏故也

公孫師莊公子朝卒使樂呂為司

公之孫也

寇以靖國人為宣三年宋師圍曹

樂呂戴公之曾孫也

傳

也

經五千七百二十字

春秋卷第九

經五千七百二十字

注四千一百四十一字

本奥云

文永二年正月廿三日以清家累葉之祕說奉授越州使君了

同早

前參河守清原 在判

音博士清原（花押）

文永五年十一月十五日以家秘訓奉
授越後次郎尊閤畢

一覧畢　于時應永十五年戊子仲夏
初八日　用之解釋師　至跡

一覧畢于時建武三年丙子仲夏
初旬日　相之醉醒師生悟

左傳集解

正云世家宣公名接或作倭文公之子敬嬴所生以匡王五年即位謚法善問周達曰宣

宣公名倭一名接又作委文公子母敬嬴謚法善問周達曰宣

正云世家宣公名倭或作倭文公之子敬嬴所生以匡王五年即位謚法善問周達曰宣　宣公名倭一名接又作委文公子母敬嬴謚法善問周達曰宣

春秋經傳集解宣上第十　杜氏　盡十一年

正义

經元年春王正月公即位　傳　公子遂如齊逆女　不譏喪娶者不待貶責而自明也卿爲君逆例在文四年也　三月遂以夫人婦姜至自齊　稱婦有姑之辭也不書氏史闕文

取七翰反本亦作娶

文四傳云逆

文四傳云逆婦姜于齊卿不行非禮也云々

年也　三月遂以夫人婦姜至自
齊　稱婦有姑之辭也
不書氏史闕文也　夏季孫行父
如齊晉放其大夫胥甲父于衛　放者
受罪黜免宥　公會齊侯于平州　平州
之以遠也　齊地
也在泰山
牟縣西也　公子遂如齊六月齊人
取濟西田　魯以賂齊〻人不
用師徒故曰取也　秋邾

取濟西田用師徒故曰取也秋邾

在裏

子來朝無傳楚子鄭人侵陳遂侵宋

晉趙盾（徒本反）帥師救陳傳言救陳宋經無宋字蓋闕也

宋公陳侯衛侯曹伯會晉師于棐（芳尾反）

林伐鄭晉師救陳宋四國君往會之共伐鄭也不言會趙盾

取於兵會非好（呼報反）會也棐林鄭地滎陽宛陵縣東南有林鄉也冬

滎陽宛陵縣東南有林鄉也

晉趙穿帥師侵崇晉人宋人伐鄭

傳元年春王正月公子遂如齊逆女

尊君命也諸侯之卿出入稱名氏所以尊君命也傳於此發者與還文不同故釋之也

三月遂以夫人婦

姜至自齊尊夫人也遂不言公子替其尊稱所

以成小君之尊也公子當時之寵

姜至自齊尊夫人也替其尊稱所
以成小君之尊也公子當時之寵
號非族也故傳不言舍族也釋例
論之備〻矣夏季文子如齊納賂以請會
宣公簒立未列於
會故以賂請之也晉人討不用命
放胥甲父于衛胥甲下軍佐也文
十二年戰於河曲
不肯薄秦
於險也而立胥克〻甲父
之子也先辛
辛甲之屬

於險也　而立胥克　之子也　先辛
奔齊　胥甲之屬大夫也
會于平州以定公
位　篡立者諸侯既與之會則不得
復討臣子殺之與弒君同故公
與齊會後
而位定也
東門襄仲如齊拜成　謝得
會也
六月齊人取濟西之田為立公
故以賂齊也　濟西故曹地僖卅一
年晉文以分魯也
在文十

故以賂齊也年晉文以分魯也
宋人之弑昭公也在文十六年晉荀林
父以諸侯之師伐宋宋及晉平宋
文公受盟于晉又會諸侯于扈將
為魯討齊皆取賂而還文十五年十七
年二扈之盟皆受賂也鄭穆公曰晉不足與

古本无各字係正不可讀

皆受賂也　鄭穆公曰晉不足與
也遂受盟于楚陳共公之卒楚
人不禮焉　卒在文十三年　陳靈公受盟于
晉秋楚子侵陳遂侵宋晉趙盾帥
師救陳宋會于棐林以伐鄭楚蔿
賈救鄭遇於北林　與晉師相遇也熒陽中牟縣西
南有林亭

秦急崇絶句

賈救鄭遇於北林滎陽中牟縣西南有林亭在鄭北也囚晉解揚解揚晉大夫也晉人乃還晉欲求成於秦趙穿曰我侵崇秦急崇必救之崇秦之與國也吾以求成焉冬趙穿侵崇秦弗與成晉人伐鄭以報北林之役也報囚解揚於是

必救之本或作崇急秦必救之是後人改耳

伐鄭以報北林之役也解揚於是

[昌氏尸代二反]
晉侯侈趙宣子為政驟諫而不入

[昌氏反居氏反]
故不競於楚競彊也為明年鄭伐宋張本也

經二年春王二月壬子宋華元帥師

及鄭公子歸生帥師戰于大棘宋

[昭廿三ノ經云戊辰吳敗頓]
師敗績獲宋華元得大夫生死皆曰獲例在昭廿

昭廿三年經云戊辰吳敗頓胡沈蔡陳許之師于雞父又云獲陳夏齧

師敗績獲宋華元曰獲例在昭廿三年大棘在陳留襄邑縣南也秦師伐晉夏晉人宋人衛人陳人侵鄭鄭為楚伐宋獲其大夫晉趙盾興諸侯之師將為宋報恥畏楚而還失霸者之義故貶即稱人也

秋九月乙丑晉趙盾弑其君夷皋靈公不君而稱臣以弑者以示良史之法深責執政之臣也例在四年

四年經云弑其君夷

罪良史之法深責執政之臣也例在四年也

四年經云夏六月乙酉鄭公子歸生殺其君夷

冬十月乙亥天王崩無傳

傳二年春鄭公子歸生受命于楚伐宋受楚命也宋華元樂呂御之二月壬子戰于大棘宋師敗績囚華元獲樂呂樂呂司空獲不書非元帥也獲生死通名經言獲華元故傳特護之曰囚以明其生

鄭伐宋囚華元

桓六傳云宋以武公廢司空二云と然者可作寇字

以武公廢司空二之之趾者可作寇字歟云〻

樂呂為司寇在九巻

馘

宜其禽也　一本作宜其為禽

樂呂獲生死通名經言獲華元故傳特獲之曰囚以明其生獲故得見贖而還及甲車四百六十乘俘二百五十人馘百人狂狡輅鄭〻人〻入於井狂狡宋大夫也輅迎也倒戟而出之獲狂狡君子曰失禮違命宜其為禽也戎昭果毅

宜其禽也 一本作宜其爲禽

失礼違命宜其爲禽也戎昭果毅

以聽之之謂礼 聽謂常存於耳著於心想聞其政令

也 殺敵爲果致果爲毅易之戮也

易反 易也 將戰華元殺羊食士其御羊

斟不與及戰曰疇昔之羊子爲政

疇昔猶前日也 今日之事我爲政與入鄭

前日也今日之事我為政與入鄭
師故敗君子謂羊斟非人也以其
私憾敗國殄民憾恨也殄盡也於是刑孰
憾戶暗反又作感注同　殄大典反
大焉詩所謂人之無良者詩小雅義取不
良之人相怨以亡也
其羊斟之謂乎殘民以
逞宋人以兵車百乘文馬百駟畫馬
為文四百

正〻〻以子之馬然為非也牂之語對曰以下為華元之辞

逞宋人以兵車百乘文馬百馬　馬

為文四百疋也

以贖華元于鄭半入華元

逃歸立于門外告而入　告宋城門而後入言不苟也

見叔牂曰子之馬然也　叔牂羊斟也卑賤得先歸華元見而慰之也

對曰非馬也其人也　叔牂知前言已顯故不敢讓罪也

既合而来

人也故不敢讓罪也既合而來

奔叔牂言畢遂奔魯合猶荅也宋城華元為植直吏反注下

巡功植將主也子匠反城者謳曰為僞反睅戶板反其目皤步河反其

腹棄甲而復扶又反睅出目皤大腹也棄甲謂亡師也于

思于思如字又西才反多鬚貌賈逵云白頭貌棄甲復來于思多鬚之貌才知反如字以協上韻使其驂七南反

乘謂之曰牛則有皮犀兕徐履尚多棄

出目也說文
字林云大目也
蘊林云寝視
不安貌孟
康云猶合
然也

乘謂之曰牛則有皮犀兕尚多棄
甲則那那猶何也役人曰從其有皮丹
漆若何華元曰去之夫其口衆而
我寡傳言華元不吝其咎寛而容衆也秦師伐晋
以報崇也伐崇在元年也遂圍焦〻晋河外邑也
夏晋趙盾救焦遂自陰地入及諸

焦晉趙盾救焦遂自陰地入及諸侯之師侵鄭陰地晉河南山北自上洛以東至陸渾也以報大棘之役也楚鬬椒救鄭曰能欲諸侯而惡其難乎遂次于鄭以待晉師趙盾曰彼宗競於楚殆將斃矣競強也鬬椒若敖之族自子文以來世為令尹也

自子文以来世為令尹也

姑益其疾乃去之欲亦弱以驕之傳言趙盾所以稱人且為四年楚滅若敖氏張本也

晉靈公不君失君道也以明於例應稱国人以弑也

厚斂以彫牆彫畫也

從臺上彈人而觀其避丸也宰夫

胹熊蹯不熟殺之寘諸畚使婦人

畚以草索為

胹熊蹯不熟殺之寘諸畚使婦人
載以過朝畚以草索為之筥屬也趙盾士季
見其手問其故而患之將諫士季
曰諫而不入則莫之繼也會請先
不入則子繼之三進及溜而後視
之士季隨會也三進三伏公不省而又前也公知欲諫故詳不視

之而文前也公知欲諫故諱不視
也曰吾知所過矣將改之稽首而
對曰人誰不過〻而能改善莫大
焉詩曰靡不有初鮮克有終詩大雅也
夫如是則能補過者鮮矣君又有
終則社稷之固也豈唯群臣頼之

終則社稷之固也豈唯群臣賴之
又曰袞職有闕惟仲山甫補之能
補過也　詩大雅也袞君之上服也闕過也言服袞者有過則仲山甫能補也
君肯補過袞不廢矣　常服袞也
猶不改宣子驟諫公患之使鉏麑
賊之　鉏麑晉力士也　晨往寢門闢矣盛服

賊之力士也晨往寢門闢矣盛服

將朝尚早坐而假寐不解衣冠而睡也麑

退而歎而言曰不忘恭敬民之主

也賊民之主不忠棄君之命不信

有一於此不如死也觸槐而死槐趙

盾庭樹也秋九月晉侯飲趙盾酒伏甲

遂扶 舊本皆作 扶傍字又 服虔注作 跣先典反 云徒跣也 今扶注本 往往有跣 者

樹也 秋九月晉侯飲趙盾酒伏甲
將攻之其右提旀明知之 右車右也 趍
登曰臣侍君宴過三爵非禮也遂跣
以下公嗾夫獒焉明搏而殺之獒猛
犬也 盾曰棄人用犬雖猛何為 責公不養
士而更以
犬為己用
鬬且出提旀明死之初

犬為己用鬭且出提彌明死之

宣子田於首山舍於翳桑（田獵也翳）

桑之多蔭翳者也首山

在河東蒲坂縣東南也見靈輒

餓問其病（靈輒晉人）曰不食三日矣食

之舍其半問之曰宦三年矣（宦學也）

未知母之存否今近矣（去家近也）請以

未知母之存否今近矣近也請以

遺之使盡之而爲之簞食與肉簞笥

橐他洛反

也寘諸橐以與之既而與爲公介

靈輒爲公甲士倒戟以禦公徒而免之問

何故對曰翳桑之餓人也問其名

居問其所居也不告而退不望報也遂自亡

居居也不告而退輒也遂自亡也輒亦去之也乙丑趙穿殺靈公於桃園穿趙盾之從父昆弟子也乙丑九月廿七日也宣子未出山而復晉境之山也有出奔聞公弒而還也大史書曰趙盾弒其君以示於朝宣子曰不然對曰子為正卿亡不越境

曰不然對曰子爲正卿亡不越境

反不討賊非子而誰宣子曰嗚呼詩曰

我之懷矣自詒伊慼其我之謂矣

逸詩也言人多所懷戀則自遺憂也孔子曰董狐古

之良史也書法不隱不隱盾之罪也趙

宣子古之良大夫也爲法受惡其

宣子古之良大夫也爲法受惡其爲法受屈者惜也越境乃免越境則君臣之義絕可以不討賊也宣子使趙穿逆公子黑臀于周而立之黑臀晉文公子也壬申朝于武宮壬申十月五日既有日而无月冬又在壬申下明傳文無較例也初麗姬之亂詛無畜群公子

自驪姬之亂晉無公族也

初驪姬之亂詛無畜羣公子　力知反又作孋
詛盟也
自是晉無公族
無公子故廢公族之官也
及成公即位乃宦卿之嫡而為之田以為公族
宦仕也為置田邑以為公族大夫也
又宦其餘子亦為餘子
餘子嫡子之母弟也亦治餘子之政也
其庶子為公行
庶子妾子也掌

之政也 [illegible] 子也

卒公戎晉於是有公族餘子公行

行者也

皆官名也

趙盾請以括為公族括趙盾異母弟

趙姬之中子屏季也

曰君姬氏之愛子也趙姬

文公女成公姊也

微君姬氏則臣狄人也

公許之盾狄外孫也姬氏逆之以為適事見僖廿四年

冬

公詩之以爲適事見僖廿四年冬

趙有爲旄車之族 旄車公行之官也有本卿適其子當爲公族趙屏季故更掌旄車也使屏季以其故有以其故官屬與族爲公族大夫 屏季使爲襄之嫡也

經三年春王正月郊牛之口傷改卜

經三年春王正月郊牛之口傷改卜
牛〻死乃不郊 牛不稱牲未卜日也 猶三望
葬匡王 無傳四月而葬速也 楚子伐陸渾之
戎夏楚人侵鄭秋赤狄侵齊 無傳 宋
師圍曹冬十月丙戌鄭伯蘭卒 再与
文同盟也 葬鄭穆公 無傳

盟也　葬鄭穆公　傳

傳三年春不郊而望皆非礼也言牛雖傷死當更改卜取其吉者郊不可廢也前年冬天王崩未葬而郊者不以王事廢天事也礼記曾子問天子崩未殯五祀不行既殯而祭自啓至于反哭五祀之祭不行已葬而祭之也望郊之屬也不郊亦無望可也已有例在僖卅一年洩蔑

也不郊亦無望可也卅一年復發傳者嫌牛死與卜不從異之

晉侯伐鄭及郔鄭及晉平士會入盟也郔鄭地也為楚侵鄭傳也

楚子伐陸渾之戎遂至於雒觀兵于周疆雒水出上洛冢嶺山至河南鞏縣入河

定王使王孫滿勞楚子王孫滿周大夫

楚子至周疆欲逼周取天下問周鼎大小輕重也

周王孫滿對也

王使王孫滿勞楚子 力報反 周大夫 楚子
問鼎之大小輕重焉 示欲逼周取天下也 偪 對
曰在德不在鼎昔夏之方有德也 戸雅反
禹之世也 遠方圖物 圖畫山川奇異之物而獻之也 貢
金九牧 使九州之牧貢金也 鑄 之樹反 鼎象物 象所圖物著 張慮反 舊直略反
之於鼎也 百物而為之備使民知神姦
圖鬼神百物之形

鼎也百物而為之備使民知神姦

圖鬼神百物之形故民入川澤山

使民逆備之也

林不逢不若　若順也　螭魅罔兩　螭山神獸　本又作蛧

魅恠物罔兩水神也

莫能逢之　逢遇也　用能

說文云山川之精物也

協于上下以承天休

民無災害則上下和而受天祐

休許虯反

桀有昏德鼎遷于商載祀六百

正曰律暦志云高世王六百廿九年

杜云皆年也尒雅云商曰祀唐虞曰載周曰年

直九反

歲祀

正義律暦志云商世一王六百廿九年

桀有昏德鼎遷于商載祀六百　載祀皆年　杜云皆年也尒雅夫商曰祀唐虞曰載周曰年夏曰歲

商紂暴虐鼎遷於周德之休

明雖小重也　不可遷也　其姦回昏亂雖

大輕也　言可移也　天祚明德有所底止　底

致也　成王定鼎于郟鄏　郟鄏今河南也武王遷之

正律暦志云周卅七王八百六十七年過卜

成王定也　世卅卜年七百天所命也今

周卅七王八百六十七年過卜數也

定也。世卅卜年七百天所命也今
周德雖衰天命未改鼎之輕重未
可問也。夏楚人侵鄭。鄭卽晉故也
宋文公卽位三年殺母弟須及昭
公子武氏之謀也武氏謀奉母弟須及昭公子以作乱事在文十八年也
使戴桓之族攻武氏於

十八年也　使戴桓之族攻武氏於
館
司馬子伯之館盡逐武穆之族武穆之
族以曹師伐宋秋宋師圍曹
報武氏之亂也冬鄭穆公卒初鄭
燕姞夢南燕伯儵夢中之蘭名鄭穆公也
文公有賤妾曰燕姞（其乙又其吉反）南燕姓也夢天
使與己蘭蘭香草也曰余為伯鯈余而

使與己蘭草也曰余爲伯儵余而祖
祖也伯儵南燕祖也以是爲而子以蘭爲汝子若
以蘭有國香人服媚之如是也媚愛
也欲令人愛之如蘭也既而文公見之與之
蘭而御之辭曰妾不才幸而有子
將不信敢徵蘭乎懼將不見信故欲計所賜蘭爲

將不信敢徵蘭乎欲計所賜蘭為
懷子月之數也公曰諾生穆公名之曰蘭
文公報鄭子之妃曰陳媯鄭子文公叔父
公子儀也漢律婬季父之妻曰報也生子華子臧
臧得罪而出ゝ奔宋也誘子華而殺之
南里在僖十六年南里鄭地也使盜殺子臧於
在僖十

南里（南里鄭地也）使盜殺子臧於
陳宋之間（在僖廿四年也）又娶于江生公
子士朝于楚楚人鴆之及葉而死
（葉楚地今南陽葉縣也）又娶于蘇生子瑕子
俞彌俞彌早卒泄駕惡瑕文公亦
惡之故不立也（泄駕鄭大夫也）公逐群公

惡之故不立也大夫也公逐羣公
〻子〻蘭奔晉從晉文公伐鄭在僖
卅年石癸居揆反曰吾聞姬姞耦其子孫必
蕃方煩反姞姓宜為姬配耦也姞吉人也后稷之元
妃也姞姓之女為后稷元妃周是以興故曰吉人也今公
子蘭姞甥也天或啓之必將為君

子蘭姞甥也天或啓之必將爲君
其後必蕃先納之可以亢寵亢極也
與孔將鉏侯宣多納之盟于大宮
而立之大宮鄭祖廟也以與晉平穆公有
疾曰蘭死吾其死乎吾所以生也
刈蘭而卒傳言穆氏所以大興於鄭天所啓也

刈蘭而卒　興於鄭天所啓也

經四年春王正月公及齊侯平莒及

郯莒人不肯公伐莒取向　莒郯二国相怨故公與齊侯共平之向莒邑東

海羕縣東南有向城遠疑也　秦

伯稻卒　無傳未同盟也　夏六月乙酉鄭公

子歸生弒其君夷　傳例曰稱臣之罪也子

子歸生弑其君夷〻之罪也子公實殺而書子家罪其權不足也

赤狄侵齊無傳

秋公如齊無傳

公至自齊無傳告于廟也例在桓二年也

桓二年經云冬公至自唐

冬楚子伐鄭

傳四年春公及齊侯平莒及郯莒人不肯公伐莒取向非礼也平國以

不虞公伐莒取向非礼也平國以
礼不以乱伐而不治乱也責公不先以礼
治之而以乱平乱何治之有無治
用伐
何以行礼楚人獻黿於鄭霊公穆公
太子公子宋與子家將入見宋子
夷也公也
子家歸子公之食指動第二以示
生也指也

子公之食指動以示

主也　指也

子家曰他日我如此必嘗異味及

在裏

入宰夫將解黿相視而笑公問之

問所子家以告及食大夫黿召子

笑也

公而弗與也欲使指動無効也子公怒染

指於鼎嘗之而出公怒欲殺子〻

指於鼎嘗之而出公怒欲殺子〻公〻與子家謀先為難子家曰畜老猶憚殺之畜六畜也而況君乎反譖子〻家〻懼而從之譖子家於公也夏弑靈公書曰鄭公子歸生弑其君夷權不足也子家權不足以禦乱懼譖而從弑故書以首惡

弑

弑
權不足也譖而從殺故書以首惡
也君子曰仁而不武無能達也
初稱畜老仁也不討子公是不武
也故不能自通於仁道而陷弑君
之罪凡弑君稱君〻無道也稱臣
也稱君謂唯書君名而稱
〻之罪也国以殺言衆所共絶也
稱臣者謂書殺者之名以示来世
終為不義改殺稱弑避其惡名取
[illegible]

終為不義改煞稱弑避其惡名取有漸也書弑之義釋例論之備也

鄭人立子良也穆公庶子辭曰以賢則去疾不足去疾子良名也以順則公子堅長乃立襄公襄公堅也襄公將去穆氏逐群兄弟而舍子良以其讓已也子良不可曰穆氏宜存則

已也

子良不可曰穆氏宜存則固願也若將亡之則亦皆亡去疾何為〔何為獨留〕乃舍之皆為大夫初楚司馬子良生子越椒子文曰必殺之〔子文子良之兄也〕是子也熊虎之狀而豺狼之聲弗殺必滅若敖氏矣諺

豺狼之聲弗殺必滅若敖氏矣諺
曰狼子野心是乃狼也其可畜乎
子良不可子文以為大慼及將死
聚其族曰椒也知政乃速行矣無
及於難且泣曰鬼猶求食若敖氏
之鬼不其餒而　而語助言必餒也　及令尹

之鬼不其餒而餒餓也及令尹
子文卒鬬般為令尹般子文之子子揚也
越為司馬蒍賈為工正譖子揚而
殺之子越為令尹己為司馬賈為
椒譖子揚而己得椒處也子越又惡之惡賈乃以
若敖氏之族圄伯嬴於轑陽而殺

若敖氏之族圄伯嬴於轑陽而殺
之圄囚也伯嬴蔿賈之也轑陽楚邑遂處烝野將
以攻王王〻以三王之子為質焉弗
受烝野楚邑三王文成穆也師于漳澨漳澨漳水邊也
秋七月戊戌楚子与若敖氏戰于
皋滸皋滸楚地伯棼射王汰輈及鼓跗
伯棼[illegible]

皋滸楚地伯棼射王汰輈及鼓跗
着於丁寧伯棼越椒也輈車轅汰過也箭過車轅上也丁
寧鉦也又射汰輈以貫笠轂兵車无蓋尊者
則邊人執笠依轂而立之以禦寒暑名曰笠轂此言箭過車轅及王之蓋也
師懼退王使巡師曰吾先君
文王克息獲三矢焉伯棼竊其二

文王克息獲三矢焉伯棼竊其二
盡於是矣鼓而進之遂滅若敖氏
初若敖氏娶於䢵䢵國名也生鬬伯比
若敖卒從其母畜於䢵畜養也淫於
䢵子之女生子文焉䢵夫人使棄
諸夢中夢澤名也江夏安陸縣城東南有雲夢城也鄏

本文作鄭古云

諸夢中[城東南有雲夢城也]䢵
乳之䢵子田見之懼而歸夫人以
告[告女私通所生]遂使收之楚人謂乳穀
謂虎於菟故命之曰鬬穀於菟以
其女妻伯比[伯比所淫者也]實為令尹子
文[鬬氏始自子文為令尹也]其孫箴尹克黄[箴尹]

文　文為令尹也　其孫箴尹克黃　尹
官名也克黃使於齊還及宋聞亂
子揚之子也
其人曰不可以入矣箴尹曰棄君
之命獨誰受之君天也天可逃乎
遂歸復命而自拘於司敗王思子
文之治楚國也曰子文無後何以

文之治楚國也曰子文無後何以
勸善使復其所改命曰生易其名名也
楚子伐鄭〻未服也前年楚侵鄭不獲成故曰未服也
經五年春公如齊夏公至自齊秋九
月齊高固來逆叔姬高固齊大夫不書女歸降

齊高固來逆叔姬不書女歸降於諸侯也叔孫得臣卒無傳不書日公不與小斂也冬齊高固及子叔姬來叔姬寧固反馬楚人伐鄭

傳

五年春公如齊高固使齊侯止公請叔姬焉留公強成婚也夏公至自齊書過也公既見止連昏於鄰國之臣

請叔姬焉成婚也夏公至自齊書
過也公既見止連婚於鄰國之臣
厭尊毀列累其先君而於廟
行飲至之礼秋九月齊高固來逆
故書以示過
女自爲也故書曰逆叔姬卿自
逆也適諸侯稱女適大夫稱字所
以別尊卑也此春秋新例故
稱書曰而不言凡也不於莊廿七
年發例者嫌見迫而成婚因明之

年發例者嫌見迫而成婚因明之
也冬来反馬也礼送女留其送馬謙不敢自安也三
月廟見遣使反馬高固遂與叔姬俱寧故經傳具見以示譏之楚
子伐鄭陳及楚平晉荀林父救鄭
伐陳爲明年晉衛侵陳傳也

經六年春晉趙盾衛孫免侵陳夏四

經六年春晉趙盾衛孫免侵陳夏四

月秋八月螽 無傳 冬十月

傳六年春晉衛侵陳〻即楚故也夏

周定王求后

定王使子服求后于齊 子服周大夫也 秋

赤狄伐晉圍懐及刑丘 刑丘今河內平皐縣也

晉侯欲伐之中行桓子曰使疾

晉侯欲伐之中行桓子曰使疾其民驕則數戰為民所疾以盈其貫將可殪也〻盡也貫猶習也周書曰殪戎殷周書康誥也義取周武王以兵伐殷盡殲之此類之謂也為十五年晉殲狄傳

冬召桓公逆王后于齊召桓公王卿士也事不關魯故不書為成二年王甥舅張本也

楚人伐

為成二年王甥舅張本也楚人伐

鄭取成而還九年十一年傳所稱厲之役蓋在此也

傳　鄭公子曼滿與王子伯廖語欲為

卿二子鄭大夫也伯廖告人曰無德而貪

其在周易豐☳☲離下震上豐也之離☲☲豐上六變而為純離也周易論變故

雖不筮必以變言其義也豐上六

雖不筮必以變言其義也豐上六曰豐其屋蔀其家闚其戶闃其無人三歲不覿凶義取無德而大其屋不過三歲必滅亡也弗過之矣不過三年間一歲鄭人殺之

經七年春衞侯使孫良夫來盟夏公會齊侯伐萊傳例曰不與謀也萊國今東萊黃縣也

伐萊　国今東萊黄縣也

秋公至自伐萊　無傳　大旱　無傳　書旱而不書雩

無功或　冬公會晉侯宋公衛侯

不雩也　鄭伯曹伯于黑壤　如丈反

傳七年春衛孫桓子來盟始通且謀

會晉也　公即位衛嘗公會晉侯伐　始脩好　呼報反　也

會晉也始脩好夏公會齊侯伐
萊不與謀也凡師出與謀曰及不
與謀曰會與謀者謂同志之國相與
講議利害計成而行之
故以相連及爲文若不獲已應命而
出則以外合爲文皆據魯而言也
師者國之大事存亡之所
由故詳其舉動以例別之也赤狄侵
在裏
晉取向陰之禾此無秋字蓋闕文
也晉用桓子謀故
從狄

也　晉用桓子謀故

縱狄

鄭及晉平公子宋之謀也故

也

相鄭伯以會冬盟于黑壤王叔桓

公臨之以謀不睦王叔桓公周卿士衛天子之命以監臨諸侯不同歃者尊卑之別也

晉侯之立也在二年也

公不朝焉又不使大夫聘晉人

宣公不與晉盟以賂免乃

宣公不與晉盟以賂免也

公不朝焉又不使大夫聘晉人

也

止公于會盟于黄公不與盟以

賂免黄又即黒壤故黒壤之盟不書諱

之也愓盟至以耶執止之辱故諱之也

五年傳云夏公至自斉書過也

經八年春公至自會無傳義與五年書過同也夏

六月公子遂如斉至黄乃復無傳蓋有

六月公子遂如齊至黃乃復　蓋有
疾而還大夫受命而出雖死辛巳
以尸將事遂以疾還非禮也　有事祭
有事于太廟仲遂卒于垂　也仲遂
卒與祭同日略書有事爲下繹張
本也不言公子因上行還間無異
事省文從可知也稱字時君所嘉
無義例也垂齊地也非魯境故書
地也　壬午猶繹萬入去籥　繹又祭陳昨日之礼

也

壬午猶繹萬入去籥繹又祭陳昨日之礼所以賓尸也萬舞名也籥管也猶者可止之辭魯人知卿佐之喪不宜作樂而不知廢繹故內舞去籥惡其聲聞也

戊子夫人嬴氏薨也無傳宣公母也

晉師白狄伐秦

楚人滅舒蓼

秋七月甲子日有食之既無傳月卅日食

冬十月己丑葬我小

之既卅日食冬十月己丑葬我小

君敬嬴敬謚嬴姓也反哭成雨不

窆故稱葬小君也

克葬庚寅日中而克葬克成也城平

陽今泰山有平陽縣也楚師伐陳

傳八年春白狄及晉平夏會晉伐秦

經在仲遂卒下從赴晉人獲秦諜徒協反間也今謂之細作殺諸絳市古巻反

卒下從赴晉人獲秦諜殺諸絳市 徒協反閒也今謂之細作

六日而蘇 ヨミカヘリ 蓋記異也 有事於太廟襄仲

卒而繹非礼也 楚爲衆舒叛故伐

舒蓼滅之 舒蓼二國名也 楚子疆之 正其界也

正曰二國者蓋誤當一國名也

及滑汭 滑水名也 盟吳越而還 吳國今吳郡越

國今會稽山陰縣也 傳

言楚彊吳越服從也 晉胥克有

言楚彊吳越服從也晉胥克有
蠱疾惑以𠷔志郤缺為政代趙盾也秋廢胥
克使趙朔佐下軍朔盾之子代胥克也為成十七
年胥童怨郤氏張本也冬葬敬嬴旱無麻始
用葛茀記礼變之所由也茀所以引柩殯則有之以備火葬
則以下柩也雨不克葬礼也礼卜葬先

極也　雨不克葬禮也禮卜葬先

遠日避不懷也懷思也城平陽書時也

陳及晉平楚師伐陳取成而還言晉

楚爭彊也

經九年春王正月公如齊無傳公至自

齊無傳夏仲孫蔑如京師齊侯伐萊

無　根牟東夷國也今瑯

晉傳夏仲孫蔑如京師齊侯伐萊

琅邪
無傳秋取根牟根牟東夷國也今瑯瑯陽都縣東有牟鄉

也八月滕子卒未同盟也九月晉侯宋

公衛侯鄭伯曹伯會于扈晉荀林

父帥師伐陳辛酉晉侯黑臀卒于

四与文同盟
五字□可讀
扈卒於境外故書地也四與文同盟也九月無辛酉日誤也冬

亞字壽讀

屆同盟也九月無辛酉日誤也冬

十月癸酉衛侯鄭卒無傳三與文同盟也宋

人圍滕楚子伐鄭晉郤缺師師救

鄭陳殺其大夫泄冶泄冶直諫於淫亂之朝以

取死故不為春秋所貴而書名也

傳九年春王使来徵聘徵召也言周徵也徵聘不

不書蔑加風 方鳳反

正日三字轉寫誤當作二字

傳九年春王使來徵聘徵也徵聘不
不書徵加諷
喩不指斥也夏孟獻子聘于周王
以為有礼厚賄之秋取根牟言易
也滕昭公卒為宋園滕傳也會于扈討不
睦也謀各陳也陳侯不會前年與楚成故也晉
荀林父以諸侯之師伐陳不書諸侯師荀
林父帥之

荀林父以諸侯之師伐陳　侯師荀林父師之無將帥也

晉侯卒于扈乃還冬宋人圍滕因其喪也陳靈公與孔寧儀行父通於夏姬皆衷其衵服以戲于朝　二子陳卿夏姬鄭穆公女陳大夫御叔妻也衷懷也衵服近身衣也　洩冶諫曰公卿宣淫民無

衵　女乙反一音日　沈栗反説文云日日所衣裳也字林同又云婦夫人近身内衣也　た一反

衣也

泄冶諫曰公卿宣淫民無

效焉宣示也且聞不令君其納之納藏

衵服

公曰吾能改矣公告二子〻〻

請殺之公弗禁遂殺泄冶孔子曰

泄冶諫陳靈公淫所殺也

詩曰民之多僻無自立辟其泄冶

之謂乎僻邪也辟法也詩大雅言

邪辟之世不可立法國無

之訴乎郖辟之世不可立法國無
道危行言遜也
楚子為厲之役故伐鄭六年
楚伐鄭取成於厲既成鄭伯逃歸事見十一年
晉郤缺救
鄭々伯敗楚師於柳棼柳棼鄭地
國
人皆喜唯子良憂曰是國之災也
吾死無日矣自是晉楚交兵共伐鄭十二年卒有楚子
入鄭之

吾死無日矣　鄭十二年卒有楚子入鄭之禍也

經十年春公如齊公至自齊　無傳　齊人歸我濟西田　元年以賂齊也不言來公如齊因受之

夏四月丙辰日有食之　無傳不書朔官失之

己巳齊侯元卒　未同盟而赴以名也　齊崔氏

[illegible]

己巳齊侯元卒赴以名也齊崔氏
出奔衛齊略見舉族出因其告辭以見無罪也公如
齊五月公至自齊無傳癸巳陳夏徵
舒弒其君平國徵舒陳大夫也靈公惡不加民故稱
臣以弒也六月宋師伐滕公孫歸父如
齊葬齊惠公无傳歸父襄仲之子晉人宋人

齊葬齊惠公 襄仲之子 晉人宋人
衛人曹人伐鄭 〻及楚 平故也 秋天王使
王季子來聘 王季子者公羊以為 天王之母弟然則字
季子也天子 大夫稱字也 公孫歸父帥師伐邾
取繹 〻邾邑魯国鄒 縣北有繹山也 大水 傳無 季孫
行父如齊冬公孫歸父如齊〻侯

行父如齊冬公孫歸父如齊〻侯
使國佐來聘既葬成君故稱君命使也饑飢傳無
有水災嘉穀不熟也楚子伐鄭

傳

十年春公如齊〻侯以我服故歸
濟西之田公比年朝齊故也夏齊惠公卒
崔杼直呂反有寵於惠公高國畏其偪彼力反也
高国二家

崔杼有寵於惠公高国畏其逼也彼力反

高国二家斉正卿也公卒而逐之奔衛書曰

崔氏非其罪也且告以族不以名

典策之法告者皆當書以名今各

特以族告夫子因而存之以示無

罪又言且告以族不以名者明春

秋有因而用之不皆改舊也

凡諸侯之大夫違故正奔凡諸侯之

凡諸侯之大夫違放也凡諸侯之
大夫違放也奔告於諸侯曰某氏之
守臣某上某氏者姓下某名共守宗廟敢告
所有玉帛之使者則告也玉帛之使謂聘
也不然則否息好不接故亦不告公如齊奔
喪公親奔喪非禮也公出朝會奔
喪會葬皆書如不言其事史之
常

言亯會葬皆書如不言其事史之
常也陳靈公與孔寧儀行父飲酒於
夏氏公謂行父曰徵舒似汝對曰亦
似君徵舒病之靈公即位於今十
五年徵舒已為卿
年大無嫌是公子也蓋以夏姬
淫放故謂其子多似以為戲也公
出自其廐射而殺之二子奔楚滕

出自其廄身而殺之二子奔楚滕
人恃晉而不事宋六月宋師伐滕
鄭及楚平前年敗楚師恐楚深怨故與之平也諸侯
之師伐鄭取成而還秋劉康公來
報聘報孟獻子之聘即王季子也其後食菜於劉也師伐
邾取繹爲子家如音傳也季文子初聘于

邾取繹（齊傳也）季文子初聘于
齊（ゝ侯初即位也）冬子家如齊伐邾故也
（魯侵小恐爲齊所討故往謝也）国武子來報聘（報文
子也）
楚子伐鄭晉士會救鄭逐楚師
于潁北（潁水出河南陽城至下蔡入淮）諸侯之師
戍鄭ゝ子家卒鄭人討幽公之乱

[illegible]鄭子家卒鄭人討幽公之乱斵子家之棺而逐其族也以四年殺君故也斵薄其棺不使從卿礼也改葬幽公謚之曰靈

經十有一年春王正月夏楚子陳侯鄭伯盟于辰陵楚復伐鄭故受盟也辰陵陳地潁川長平縣東

鄭伯盟于辰陵也辰陵陳地潁川長平縣東南有辰亭公孫歸父會斉人伐莒無傳秋晉侯會狄于欑函晉侯往會之故以狄爲會主也欑函狄地也冬十月楚人殺陳夏徵舒不言楚子而稱人討賊辭也丁亥楚子入陳楚子先殺徵舒而欲縣陳後得申叔時諫乃復討陳不有其地

殺

陳申叔時諫乃復討陳不有其地
故書入在殺納公孫寧儀行父于
徵舒之後也
陳
二子淫昏乱討人也君已殺之
後能外託楚以求報君之讎内
結携援於国故楚莊王得平出而討
陳除煞君之賊于時陳成公播蕩
於晉定臣君之嗣靈公成喪賊討
国復功足以補過故君子善楚復
之

傳十一年春楚子伐鄭及櫟子良曰

晉楚不務德而兵爭與其來者可

也晉楚無信我爲得有信乃從楚

夏楚盟于辰陵　本或作楚子

夏楚盟于辰陵陳鄭服也　傳言楚與晉狎主盟

楚左尹子重侵宋　子重公子嬰齊莊王弟

盟　楚左尹子重侵宋廥莊王弟王待諸郔郔楚地也令尹蔿艾獵城沂艾獵孫叔敖也沂楚邑使封人慮事封人其時主築城者也慮事既慮計功也以授司徒司徒掌役量功命日命作日數分財用財用築作具也平板幹幹楨也稱畚築量輕重也畚盛土器程土物為作

稱畚築畚盛土器程土物作程限也議遠邇均勞逸也略基趾趾城足也略行也具餱糧餱乾食也度有司謀監主事三旬而成十日為旬不愆于素不過素所慮之期也傳言叔敖之能使民也晉郤成子求成于衆狄ゝ疾赤狄之役遂服于晉赤狄潞氏

狄之疾赤狄之役遂服于晉潞氏㝡彊故服役衆狄秋會于欑函衆狄服也

是行也諸大夫欲召赤狄郤成子曰吾聞之非德莫如勤非勤何以求人能勤有継其從之也勤則功継之也

詩曰文王既勤止詩頌文王勤文以創業也

詩曰文王既勤止以創業也文
王猶勤况寡德乎冬楚子為陳夏
氏乱故伐陳十年夏徵舒弑君謂陳人無
動將討於少西氏少西徵舒之祖子夏之名遂
入陳殺夏徵舒轘諸栗門轘車裂也栗門
陳城門也因縣陳賊陳以為楚縣陳侯在晉靈公
子成公

依陳徵舒殺其君靈公楚人

門也囙縣陳為楚縣陳侯在晉公
子成公午也申叔時使於齊反復命而
退王使讓之曰夏徵舒為不道弑
其君寡人以諸侯討而戮之諸侯
縣公皆慶寡人楚縣大夫皆僭稱公汝獨不
慶寡人何故對曰猶可辭乎王曰

慶寡人何故對曰猶可辭乎王曰

可哉曰夏徵舒弒其君其罪

申叔時諫縣陳

大矣討而戮之君之義也抑人亦

有言曰牽牛以蹊人之田　抑辭也　蹊徑也

田主奪牛罪重

而田主奪之牛牽牛以蹊者信有

罪矣而奪之牛罰已重矣諸侯之

罪矣而奪之牛罰已重矣諸侯之
從楚也曰討有罪也今縣陳貪其
富也以討召諸侯而以貪歸之無
乃不可乎王曰善哉吾未聞也反
之可乎對曰可哉吾儕小人所謂
取諸其懷而與之也
叔時讓言小人意淺謂譬
如取人物於其懷而還

取諸其懐而與之也 人意淺謂辟
如取人物於其懐而還 乃復封陳
之為愈於不還也
鄉取一人焉以皈謂之夏州 鄉屬也
示討夏氏所獲也 故書曰楚子入陳納公
孫寧儀行父于陳書有禮也 没其縣陳
本意全以討乱存国為文善其復礼也 厲之役鄭伯
蓋

為文善其後礼也　厲之役鄭伯
逃皈　蓋在六年　自是楚未得志焉鄭既
受盟于辰陵又徼事于晉　為明年楚圍鄭
傳十年鄭及楚平既無其事辰陵
盟後鄭徼事晉又無端緒傳皆特
發以明經也自厲之役鄭南北兩
屬故未得志九年楚子伐鄭不以
黒壤興伐遠稱厲之役者志根在
厲役也此皆傳上下相包通之義
也

廣役也山皆傳上下相包通之義
也

春秋卷第十

經四千一百四十字
注五千一百四十字

本奥云
建長六年十一月十日以家秘説

建長六年十一月十日以家秘説

奉洒掃少尹尊閤畢

前参河守清原　在判

本云

治承四年十二月八日授良別駕了

去月廿六日車駕自備州還平安京

應保二年七月四日以證本移點了　大外記　在判

造酒正　在判

遣滑正　在判

文永五年十一月十七日以累家
之秘説奉授于越州才郎貴
殿了
朝請大夫清原（花押）

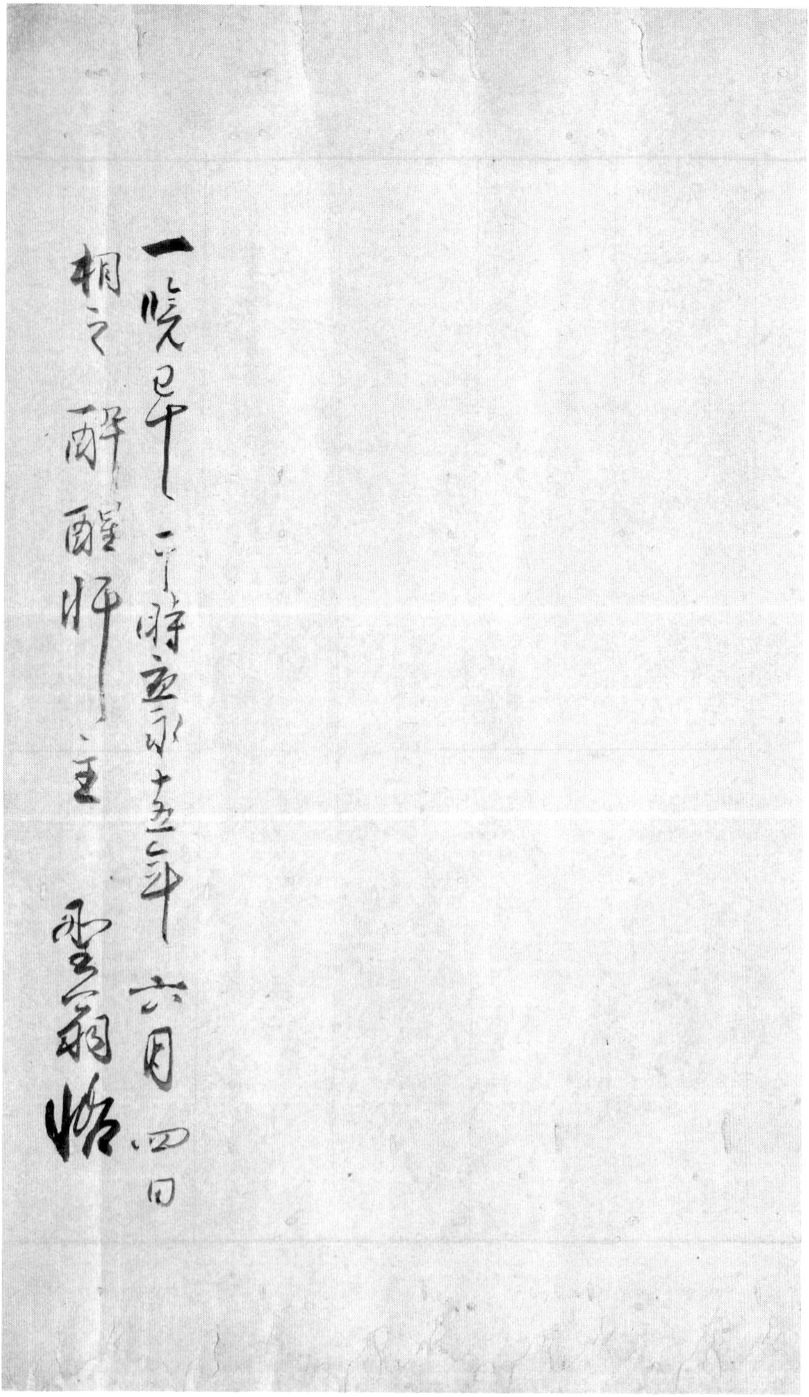

一覧畢　于時應永十五年六月四日
桐之醉醒軒主　雲羽[illegible]

左傳集解
十一

春秋經傳集解宣下第十一　杜氏　盡十八年

春秋經傳集解宣下第十一　杜氏　盡十八年

經十有二年春葬陳靈公無傳賊討國復二十一月然後得葬也

楚子圍鄭前年盟辰陵而又徼事晉故也

夏六月乙卯晉荀林父帥師及楚子戰于邲晉師敗績晉上軍成陳故書戰

[illegible]陳故書戰
邲鄭地也　秋七月冬十有二月戊寅楚
子滅蕭　蕭宋附庸國也十二月無
戊寅〻〻十一月九日也
晉人宋人衛人曹人同盟于清丘
晉衛背盟故大夫稱人宋華椒承
羣偽之言以誤其國宋雖有守信
之善而椒猶不免譏清丘
衛地在今濮陽縣東南也　宋師伐
[illegible]背清丘

宋師伐

衛地在今濮陽縣東南也

陳衛人救陳背清丘之盟也

傳十二年春楚子圍鄭旬有七日鄭人卜行成不吉卜臨于大宮臨哭也大宮鄭祖廟也且巷出車吉出車於巷示將見遷不得安居國人大臨守陴者皆哭陴城上俾倪也

也

國人大臨守陴者皆哭 陴[婢支反徐扶移反]上俾[普計反]倪[一本作僻][五計反]皆哭所以告楚窮也 楚子退師鄭人脩城 進複[扶又反注同]圍之三月克之 哀其窮哭故為[于僞反]退師而猶不服故複圍之九十日也 入自皇門至于逵路 塗方九軌曰逵 鄭伯肉袒牽羊以逆 肉袒牽羊示服為臣僕也 曰孤實[後日千反]不天 不為天所祐[音又]也 不能

求龜反尒雅云九達謂之一說文作馗云九達道似龜背故謂之馗一或馗字

臣僕也　曰孤不天不為天所祐也不能

事君使君懷怒以及敝邑孤之罪

也敢不唯命是聽其俘諸江南以

實海濱亦唯命其翦以賜諸侯使

臣妾之亦唯命翦削也若惠顧前好

楚鄭世有盟誓之好也徼福於厲宣桓武不

厲宣　鄭桓公友周厲王之子宣王之母弟

人周厲王宣王鄭之所自

鄭桓公友周厲王之子宣王之母弟
桓武鄭武公名滑突桓公之子

攜之好也徼福於厲宣桓武不
泯其社稷周厲王宣王鄭之所自出也鄭桓公武公始封
之賢君也顧楚要福於此四使改
君使社稷不滅泯猶滅也
事君夷於九縣楚滅九國以為縣顧得比之君
之惠也孤之願也非所敢望也敢
布腹心君實圖之左右曰不可許

布腹心君實圖之左右曰不可許
世得國無赦王曰其君能下人必（遜嫁反）
能信用其民矣庸可幾乎退三十
里而許之平（退一舍以礼鄭也）潘尫入盟
子良出質（潘尫楚大夫也子良鄭伯弟也）夏六月
晉師救鄭荀林父將中軍先（代郤缺也）
（將子匠反下及注並同）㚟季代……可由

將下及注並〻下〻凡〻〻佐〻右皆放此

晉師救鄭荀林父將中軍缺也才元先
縠（戶木反又卜穀反）佐之彘（直例反）季代林父也才元士會將上軍河曲之役郤
缺將上軍宣八年代趙盾為
政將中軍士會代將上軍也才元郤克
佐之郤缺之子（克一本）代臾（羊朱反）駢（蒲邊反）也才元趙朔將下軍代欒盾
欒書佐之欒盾之子代趙朔也才元趙括趙嬰齊
為中軍大夫括嬰齊皆趙盾異母弟也才元鞏（九勇反）朔韓

為中軍大夫盾異母弟也鞏朔韓
穿為上軍大夫荀首趙同為下軍
大夫荀首林父弟也趙同趙嬰兄也韓厥為司馬
韓萬玄孫也及河聞鄭既及楚平桓子
欲還曰無及於鄭而勦其民焉用
之桓子林父也勦勞也楚歸而動不後動兵伐鄭

之也勦勞也楚歸而動不後伐鄭

也隨武子曰善武子士會也會聞用師

觀釁而動許靳反服云間也釁罪德刑政事典禮不

易不可敵也不為是征干偽反注同言征伐為有罪不為

有礼也楚君討鄭怒其貳而哀其卑

叛而伐之服而舍之德刑成矣伐

叛而伐之服而舍之德刑成矣伐
叛刑也柔服德也二者立矣昔歲
入陳討徵舒也今茲入鄭民不罷勞君
無怨讟讟謗政有經矣經常也荊尸
而舉荊尸楚陳也楚武王始更為此陳法遂以為名也商
農工賈不敗其業而卒乘輯睦事

農工賈不敗其業而卒乘輯睦

卒車曰乘

事不奸矣

奸犯也

蔿敖為宰擇楚國之令典

宰令尹也蔿敖孫叔敖也

軍行右轅左追蓐

在車之右者挾轅為戰備在左者追求草蓐為宿備傳曰令尹南轅又曰改乘轅楚陳以轅為主也

前茅慮無

慮無如今軍行前有斥候蹹伏皆持以絳及白為幡見騎賊舉

[illegible]

伏皆持以絳及白為幡見騎賊舉絳幡見步賊舉白幡備慮有無也茅明也或曰時楚以茅為旌識也

中權後勁中軍制謀後以精兵為殿也百官象物而動軍政不戒而備物猶類也戒勑令也

能用典矣其君之舉也內姓選於親外姓選於舊言親疏並用也舉不失德

親外姓選於舊竝用也擧不失德
賞不失勞老有加惠賜老則不計勞也旅
有施舍旅客來者施之以惠舍不勞役也君子小
人物有服章尊卑別彼列反也貴有常尊賤有
等威威儀有等差初佳反又初宜反也禮不逆矣德立刑行
政成事時典從禮順若之何敵之

政成事時典從禮順若之何敵之
見可而進知難而退軍之善政也
兼弱攻昧武之善經也昧昏乱也經法也
子姑整軍而經武乎姑且也猶有弱
而昧者何必楚仲虺有言曰取乱
侮亡兼弱也仲虺湯左相薛之祖奚仲之後也汋

侮亡兼弱也　祖奚仲之後也　汋曰於鑠王師遵養時晦　汋詩頌篇名也鑠美也言美矣武王能遵天之道須暗昧者惡積而後取之　耆昧也　耆致也致討於昧也　武曰無競惟烈　武詩頌篇名烈業也言武王兼弱取昧致成無疆之業也　撫弱耆昧以務烈所可也　言當務從武王之功業撫而取之

以務烈所可也　功業撫而取之
欒子曰不可　欒子先縠也　晉所以霸師
武臣力也今失諸侯不可謂力有
敵而不從不可謂武由我失霸不
如死且成師以出聞敵彊而退非
夫也　非丈夫也　命為軍師而卒以非夫

夫也　夫也　命為軍帥而卒以非夫唯羣子能我弗為也以中軍佐濟　佐彘子所帥也濟渡河也　知莊子曰此師殆哉　莊子荀首也　周易有之在師䷆　坎下坤上師也　之臨䷒　兌下坤上臨師初六變而之臨也　曰師出以律否臧凶　此師卦初六爻辭也律法否不也　執

以律否臧凶也律法否不也今彘子逆命
執事順成為臧逆為否不順成故應
不臧之凶也衆散為弱坎為衆今變為兌兌柔弱也
川壅為澤坎為川今變為兌兌為澤是川見壅也有
於勇反本文作雍注皆同
律以如己也如從也法行則人從法〻敗則法從人坎
為法象今為衆則散為川則壅是失法之用從人之象也故曰

壅失法之用從人之象也　故曰
律否臧且律竭也　竭敗也坎變為兌是法變敗也
盈而以竭夭且不整所以凶也　水遇
夭塞不得整流則竭涸也
不行之謂臨　水變為澤乃成臨卦澤不行之物也
有帥而不從臨孰甚焉
此之謂矣　譬彘子之違命亦不可行也　果遇必

此之言矣然不可行也果遇必
敗遇敵也彘子尸之。主此禍也雖免而歸
必有大咎為明年晉人殺先穀傳也韓獻子謂
桓子獻子韓厥曰彘子以偏師陷子罪
大矣子為元帥師不用命誰之罪
也失屬亡師為罪已重不如進也
今鄭屬楚故曰失屬彘子

也失屬亡師爲罪已重不如進也

今鄭屬楚故曰失屬彘子以偏師陷故曰亡師也

事之不捷惡有所分

捷成也

與其專罪六人同之不猶愈乎

三軍皆敗則六卿同罪不得獨責元帥也

師遂濟楚子北師次於郔

郔鄭北地也

沈尹將中軍

沈或作寢寢縣也今汝陰固始縣也

沈尹將中軍（今汝陰固始縣也）子重將左子反將右將飲馬於河（於鴆反）而歸（子反公子側也）聞晉師既濟王欲還嬖（必計反徐甫詣反字林方豉反）人伍參（七南反）欲戰（參伍奢之祖父也）令尹孫叔敖弗欲曰昔歲入陳今茲入鄭不無事矣戰而不捷參之肉其足

不無事矣戰而不捷參之肉其足
食乎參曰若事之捷孫叔爲無謀
矣不捷參之肉將在晉軍可得食
乎令尹南轅反旆迴車南鄉也旆軍前大旗也
伍參言於王曰晉之從政者新未
能行令其佐先縠剛愎不仁未肯

能行令其佐先穀剛愎不仁未肯
用命愎很也其三師者專行不獲欲專
其所行而不得也聽而無上衆誰適從聽彘
子趙同趙括則為軍無上令衆不知所從也此行也晉
師必敗且君而逃臣若社稷何王
病之告令尹改乘轅而北之次于

病之告令尹改乘轅而北之次于

繩證反

管以待之晉師在敖鄗之間滎陽京縣東北有管城敖鄗二山在滎陽縣西北也

古緩反|城|叔所封也本或作菅古顏反非也　五刀反　苦交反

鄭皇戌使如

雅律反　所吏反

晉師曰鄭之從楚社稷之故也未

有貳心楚師驟勝而驕其師老矣

仕救反

而不設備子擊之鄭師為承承繼也

而不設備子擊之鄭師爲承
楚師必敗彘子曰敗楚服鄭於此
在矣必許之欒武子曰武子欒書也楚
自克庸以来在文十六年也其君無日不
討國人而訓之討治也于民生之不
易禍至之無日戒懼之不可以怠

禍至之無日戒懼之不可以怠
于曰在軍無日不討軍實而申儆
也
之
軍實軍于勝之不可保紂之百
器也
克而卒無後訓之以若敖蚡冒之
篳路藍縷以啓山林
若敖蚡冒皆
楚之先君也
楚之先君也篳路柴車也藍縷敝
衣也言此二君勤儉以啓土也

衣也言此二君勤儉以啓土也
箴之曰民生在勤〻則不匱不可
謂驕 箴誡也 先大夫子犯有言曰師
直為壯曲為老我則不德而徼怨
于楚我曲楚直不可謂老 不德謂以力爭
諸侯也 其君之戎分為二廣 君之親兵
廣 古曠反下及注皆同 徼 要也 一遙反
也……十五乘為

廣　下及注皆ヿ

徼要也其君之戎分為二廣親兵
也廣有一卒ヽ偏之兩十五乘為一廣司馬
法百人為卒二十五人為兩車十
五乘為大偏今廣十五乘亦用舊
偏法復以二十
五人為承副也右廣初駕數及日
中庂則受之以至于昏內官序當
其夜內官近官也序次序也以待不虞不可

當其夜　一本作序當其次

當其夜
一本作序當其次

其夜序次序也以待不虞不可
謂無備子良鄭之良也師叔楚之
崇也師叔潘尫也為楚人所崇貴也師叔入盟子
良在楚々鄭親矣來勸我戰我克
則來不克遂往以我卜也鄭不可
從趙括趙同曰率師以來唯敵是

從趙括趙同曰率師以來唯敵是
求也克敵得屬又何俟必從彘子
得屬服鄭也知季曰原屏咎之徒也知季知莊子也原趙同屏趙括也徒黨也趙莊子曰欒伯
善哉莊子趙朔也欒伯武子也實其言必長晉
國實猶克也言欒書之身行能克國此言則當執晉國之政也

國此言則當執晉國之政也

楚少宰如晉師少宰官名也曰寡君少

遭閔凶不能文閔憂也聞二先君之

出入此行也二先君楚成王穆王也將鄭是

訓定豈敢求罪于晉二三子無淹

久淹留也隨季對曰昔平王命我先

久也　隨季對曰昔平王命我先
君文侯曰與鄭夾輔周室毋廢王
命今鄭不率率遵也寡君使羣臣問
諸鄭豈敢辱候人候人謂伺候望敵者敢拜
君命之辱彘子以爲謟使趙括從
而更之曰行人失辭言誤對也寡君使

伺息嗣反　古洽反　舊古協反　勅檢反

而更之曰行人失辭對也寡君使
羣臣遷大國之迹於鄭遷徙也曰無
辟敵羣臣無所逃命楚子又使求
成于晉〻人許之盟有日矣有期日也
楚許伯御樂伯攝叔為右以致晉
師單車挑戰又示不欲崇和以疑晉之羣帥也許伯曰

師和以毅晉之羣帥也　言伯曰

吾聞致師者御靡旌摩壘而還　靡旌

驅疾也　摩近也　樂伯曰吾聞致師者左射

以菆　左車左也　菆矢之善者也　代御執轡御下

兩馬掉鞅而還　兩飾也掉正也　示閒暇也　攝叔

曰吾聞致師者右入壘折馘　折馘　斷耳

鞅　於丈反

折　之設反　下同　馘　古獲反

馬徐云或作柄皆力掌反或音亮

徒弔反徐乃較反

側留反

馘古獲反

曰吾聞致師者右入壘折馘斷耳
也執俘而還皆行其所聞而復晉
人逐之左右角之張兩角從旁夾攻之樂伯
左射馬而右射人角不能進矢一
而已麋興於前射麋麗龜麗著也直略反龜背之
隆高當心者也晉鮑癸當其後使攝叔奉

心者也晉鮑癸當其後使攝叔奉

麋獻焉曰以歲之非時獻禽之未

至敢膳諸從者鮑癸止之曰其左

善射其右有辭君子也既免上不復逐

也晉魏錡求公族未得錡魏犨子也欲為公

族大夫也而怒欲敗晉師請致師弗許

請使許

吾各致見吾以言至以非言。

夫也

之遂往請戰而還楚潘黨逐之及

熒澤見六麋射一麋以顧獻曰子

有軍事獸人無乃不給於鮮敢獻

於從者　熒澤在熒陽縣東新殺為鮮見六得言其不如楚也

叔黨命去之　叔黨潘黨潘尫之子也　趙旃

叔黨命去之　尫之子也　趙旃
求卿未得　旃趙穿之子也　且怒於失楚之
致師者請挑戰弗許請召盟許之
與魏錡皆命而往郤獻子曰二憾　胡暗反
往矣　獻子郤克也　弗備必敗彘子曰鄭
人勸戰弗敢從也楚人求成弗能

人獲戰弗敢從也楚人求成弗能
好也師無成命多備何為士季曰
備之善若二子怒楚楚人乗我喪
師無日矣乗猶登也不如備之楚之無
惡除備而盟何損於好若以惡來
有備不敗且雖諸侯相見軍衛不

有備不敗且雖諸侯相見軍衛不
徹警也徹去也彘子不可不肯設備也士
季使鞏朔韓穿帥七覆于敖前帥將
也覆為伏兵七處也故上軍不敗趙嬰齊使
其徒先具舟于河故敗而先濟潘
黨既逐魏錡言魏錡見逐而退也趙旃夜至

黨既逐魏錡 逐而退也 趙旃夜至
於楚軍 二人雖俱受命而行不相隨故趙旃在後至也之
席於軍門之外使其徒入之 布席坐示（視 一本）
無所畏也 楚子為乘廣三十乘分為左（繩證反下三十一十一并注皆同）
右ゝ廣雞鳴而駕日中而說 舍也（說 舒銳反注及下同）
左則受之日入而說許偃御右廣

左則受之日入而説許偃御右廣
養由基為右彭名御左廣屈蕩為
右楚王更迭載之故各有御右也乙卯王乘左廣
以逐趙旃〻〻棄車而走林屈蕩
搏之得其甲裳下曰裳也晉人懼二子
之怒楚師也使軘車逆之軘車兵車名也

之怒楚師也使軘（徒温反）車逆之車右也
潘黨望其塵使騁（勅景反）而告曰晉師至
矣楚人亦懼王之入晉軍也遂出
陳（直覲反下注皆同）孫叔曰進之寧我薄人無人薄
我詩云元戎十乘以先啓行先（悉薦反注及下同）人
也元戎戎車在前也詩小雅言王
者軍行必有戎車十乘在前開
道先人

也者軍行必有戎車十乘在前開道先人為備也
軍志曰先人有奪人之心
薄之也奪敵戰心也
遂疾進師車馳卒子忽反下及注並ﾆ
奔乘晉軍桓子不知所為鼓於軍
中曰先濟者有賞中軍下軍爭舟
〻中之指可掬也兩手曰掬
晉師右移

中之拒可摲也（九六反）曰摲晉師右移

上軍未動言餘軍皆移去唯上軍在經所以書戰言猶有陳者也

工尹齊將右拒卒以逐下軍工尹齊楚大夫也右拒陳名也

楚子使唐狡（古卯反）與蔡鳩居告唐惠侯二子楚大夫唐屬楚之小國義陽安昌縣東南有上唐鄉也

曰不穀不德而貪以

上唐郷也　曰不穀不德而貪以
遇大敵不穀之罪也然楚不克君之
羞也敢藉君靈以濟楚師　藉猶假
借也
使潘黨率游闕四十乘　游車補
闕者也
縄證文下之一字注易之
從唐侯以爲左拒以從上軍駒伯曰
待諸乎　駒伯郤克
上軍佐也
隨季曰楚師方

待詔乎上軍佐也隨季曰楚師方
壯若萃於我吾師必盡萃集也不如
收而去之分謗生民不亦可乎同弁
為分謗不戰為生民殿其卒而退不敗以其所將
卒為軍後殿也王見右廣將從之乘屈蕩
尸之曰君以此始亦必以終也上中

扃古熒反徐古螢反車上兵蘭也服云ー横木校輪間一曰車前横木也西京賦云旗不脫ー薛綜云ー所以止旗也

尸之曰君以此始亦必以終也中易乘則恐軍ー人懼也自是楚之乘廣先左以乘左得勝故也晉人或以廣隊不能進廣兵車也楚人惎之脫扃惎教也扃車上兵ー蘭也少進馬還又惎之拔旆投衡乃出還便ー楚不能進旆大ー旗也拔旆投衡ー上使不帆風差輕也顧曰吾

帆凡劒反　ｲ本又作帆普霸反

投衡上使不帆風差輕也顧曰吾
不如大國之數奔也趙旃以其良
馬二濟其兄與叔父以他馬反遇
敵不能去弃車而走林逢大夫與
其二子乗逢氏謂其二子無顧不欲
見趙旃也顧曰趙傁在後傁老稱也怒之使

旃也　顧曰趙傁在後　稱也　怒之使
下指木曰尸女於是授趙旃綏以
免明日以表尸之　表而指木取其尸也　皆重
獲在木下　兄弟累尸而死也　楚熊負羈囚
知罃知莊子以其族反之　負羈楚大夫也
知罃知莊子之子也　族家兵也反還戰也　廚武子御　武子
魏錡　知莊子下

族家兵也反還戰也廚武子御子
魏錡也下軍之士多從之知莊子下軍大夫故也
每射抽矢菆納諸廚子之房抽擢直角反
也菆好箭也食夜反又食亦反房箭舍也
廚子怒曰非子之求
而蒲之愛蒲楊柳可以為箭也
董澤之蒲可
勝既乎董澤ゝ名河東聞喜縣東北有董池陂既盡也
知

[illegible]東北有薰池陂既盡也知
季曰不以人子吾子其可得乎吾
不可以苟射故也射連尹襄老獲
之遂載其尸射公子穀臣因之以
二者還穀臣楚王子也及昏楚師軍於邲
晉之餘師不能軍不能成營也宵濟亦
言其兵衆將

晉之餘師不能軍營也宵濟亦

終夜有聲言其兵衆將不能用也丙辰楚重

至於邲重輜重也遂次于衡雍潘黨曰

若盍築武軍築軍營以章武功也而收晉尸

以為京觀積尸封土其上謂之京觀也臣聞克

敵必示子孫以無忘武功楚子曰

敵必示子孫以無忘武功楚子曰
非爾所知也夫文止戈為武（文字也）
武王克商作頌曰載戢干戈載櫜
弓矢（戢藏也櫜韜也詩美武王能誅滅暴乱而息兵也）我
求懿德肆于時夏允王保之（肆遂也夏大也言武王既息兵又能求美德故遂大而信王保天下也）又

德故遂大而信王保天下也又

作武其卒章曰耆定爾功武頌篇名也耆致也言武王誅紂致定其功也其三曰鋪時繹思

其三〻篇也鋪布也繹陳也時是也思辭我徂惟求定

也頌美武王能布政陳教使天下歸往求安定也其六曰

綏萬邦屢豐年其六〻篇也綏安也屢數也言武王

既安天下數致

綏萬邦屢豐年也屢數也言武王
既安天下數致豐年此三六之數
與今詩頌篇次不同蓋楚樂歌之
次第也夫武禁暴戢兵保大定功安
民和衆豐財者也此武七德也故使子
孫無忘其章著之篇章使子孫不忘也今我使
二國暴骨暴矣觀兵以威諸侯兵

蒲卜反本或作曝

二國暴骨暴矣觀兵以威諸侯兵
不戢矣暴而不戢安能保大猶有
晉在焉得定功所違民欲猶多民
何安焉無德而強爭諸侯何以和
衆利人之幾幾危也而安人之亂以
爲已榮何以豐財兵動則年荒也武有七

蒲卜反本或作曝　於虔反　其丈反

為己榮何以豐財年荒也武有七
德我無一焉何以示子孫其為先
君宮告成事而已祀先君告戰勝也武非
吾功也古者明王伐不敬取其鯨
鯢而封之以為大戮於是乎有京
觀以懲淫慝鯨鯢大魚名也以喻不義之人吞食小國

觀以懲淫慝不義之人呑食小國
者今罪無所晉罪無所犯也而民皆盡忠
以死君命又可以為京觀乎祀于
河作先君宮告成事而還傳言楚莊王有
礼所以遂興也是役也鄭石制實入楚師
將以分鄭而立公子魚臣辛未鄭
殺僕叔及子服僕叔魚臣也君

將以分鄭而立公子魚臣辛未鄭
殺僕叔及子服 僕叔魚臣也 子服石制也 君子
曰史佚所謂毋怙亂者謂是類也
言恃人之亂 詩曰亂離瘼矣爰其
以要利也
適歸 詩小雅也離憂也瘼病也爰
於也言禍亂憂病於何所歸
乎歎歸於怙亂者也夫恃亂則鄭
之 禍歸之

之歸於怙亂者也夫禍歸之鄭

伯許男如楚為十四年晉伐鄭傳也秋晉師

歸桓子請死晉侯欲許之士貞子

諫曰不可貞子士渥於角反濁也城濮之役晉師

三日穀在僖二十八年也文公猶有憂色左右曰有喜而憂如有憂而喜乎言憂喜失時也公曰得臣猶在

憂未歇也歇盡許竭反也困獸猶鬬況國相息亮反下熊

憂未歇也許竭反也困獸猶鬭況國相息亮反下同

乎及楚殺子玉子玉得臣也公喜而後

可知也喜見賢遍反於顏色也曰莫余毒也已是

晉再克而楚再敗也楚是以再世

不競成王穆王也今天或者將大警晉

也警戒而又殺林父以重直用反楚勝其

也而又殺林父以重楚勝其
無乃久不競乎林父之事君也進
思盡忠退思補過社稷之衛也若
之何殺之夫其敗也如日月之食
焉何損於明晉侯使復其位言晉
景所
以不失冬楚子伐蕭宋華椒以蔡
霸也

霸也

人救蕭ヽ人囚熊相宜僚及公子

丙王曰勿殺吾退蕭人殺之王怒

遂圍蕭ヽ潰申公巫臣曰師人多

寒王巡三軍拊而勉之拊撫慰勉之也三

軍之士皆如挾纊纊緜也言說以忘寒也遂

以忌寒也違

傳於蕭城還無社與司馬卯言號申叔展還無社蕭大夫也司馬卯申叔展皆楚大夫也無社素識叔展故因卯呼也之叔展曰有麥麴乎曰無有山鞠窮乎曰無麥麴鞠窮所以禦濕欲使無社逃泥水中無社不解故曰無軍中不敢正言故謬語也河

叔展言無禦

曰無（軍中不敢正言故謬語也）河魚腹疾奈何乎（叔展言無禦濕藥將病也）曰目於眢井而拯之（無社意解欲入井故使叔展視虚廢井而求拯己出溺為拯也）若為茅絰哭井則己（叔展又教結茅以表井也須哭乃應以為信也）明日蕭潰申叔視其井則茅絰存焉號而

虎出之傳言蕭

（眢 烏丸反 井 廢井也 字林云 井无水也 一皮反）

（直結反）

潰申叔視其井則茅絰存焉號而出之號哭也傳言蕭人無守心也晉原縠宋華椒衛孔達曹人同盟于清丘原縠先縠也曰恤病討貳於是卿不書不實其言也宋伐陳衛救之不討貳也楚伐宋晉不救不恤病也宋為盟故伐陳陳貳於楚故也衛人救之

宋爲盟故伐陳楚故也（干偽反）衛人救之
孔達曰先君有約言焉（於妙反又如字）若大國討
我則死之衛成公與陳共（音恭）公有舊
好（呼報反）故孔達欲背（音佩十四年經注）盟救陳
而以死謝晉也爲十
四年衛殺孔達傳也

經十有三年春齊師伐莒夏楚子伐
宋秋螽無傳爲災故書冬晉殺其大夫先
書名以

宋秋螽災故書冬晉殺其大夫先
縠書名以罪討也

傳十三年春齊師伐莒〻恃晉而不
事齊故也夏楚子伐宋以其救蕭
也救蕭在前年也君子曰清丘之盟唯宋
可以免焉宋討陳之貳今宋見伐晉衛不顧盟以恤宋而
至同後宋大夫傳[illegible]

可以免焉晉衛不顧盟以恤宋而經同貶宋大夫傳嫌華椒之罪累及其國故曰唯宋可以免也秋赤狄伐晉及清先縠召之也邲戰不得志故召狄欲爲變也清一名清原也冬晉人討邲之敗與清之師歸罪於先縠而殺之盡滅其族君子曰惡之來也己則

盡滅其族君子曰惡之来也已則取之其先縠之謂乎盡滅其族為誅已甚故曰惡之来也清丘之盟晉人以衛之救陳也討焉尋清丘之盟以責衛也使人弗去曰罪無所歸將加而師孔達曰苟利社稷請以我說欲自殺以說晉也罪我之

謂一本

說悦又如字

社稷請以我說説猶解也罪我之

由我則為政而亢大國之討將以

誰任亢禦也謂禦宋討陳也我則死之為明年殺

孔達

傳也

經十有四年春衞殺其大夫孔達書名

背盟干大

國罪之也夏五月壬申曹伯壽卒

無傳文十四

國罪之也　夏五月壬申曹伯壽卒　無傳文十四年盟新城也　晉侯伐鄭秋九月楚子圍宋葬曹文公　無傳　冬公孫歸父會齊侯于穀

傳十四年春孔達縊而死衛人以說于晉而免　以殺告故免于伐也　遂告于諸侯

于晉而免免于伐也遂告于諸侯曰寡君有不令之臣達構我敝邑于大國既伏其罪矣敢告諸殺大夫亦皆告也衛人以為成勞復室其子以有平國之功故以女妻之也使復其位襲父祿位也夏晉侯伐鄭為邲故也晉敗於邲鄭遂屬楚也告

遂屬楚也

於諸侯蒐焉而還蒐簡閲車馬也中行桓

子之謀也曰示之以整使謀而來

鄭人懼使子張代子良于楚十二年子

良質於楚子張穆公孫也鄭伯如楚謀晉故也

鄭以子良為有礼故召之有讓國之礼也

鄭以子良爲有礼故召之 之礼也

楚子使申舟聘于齊曰無假道于

宋 申舟無畏也 亦使公子馮（皮氷反）聘于晉不

假道于鄭申舟以孟諸之役悪（烏路反）宋

文十年楚子田孟諸無畏抶（勑乙反）宋公僕也 曰鄭昭宋聾（力工反）

昭明也聾闇也 晉使不害我則必死王曰

汝一本作

讎閻也晉使不害我則必死王曰
殺女我伐之見犀而行犀申舟子也以子託
王示必死也及宋ゝ人止之華元曰過古卧反又古禾反
我而不假道鄙我也鄙我亡也以我
比其邊鄙是與亡國同也殺其使者必伐我ゝ
ゝ亦亡也亡一也乃殺之楚子聞

亡也亡一也乃殺之楚子聞之投袂而起（投振也袂袖也）屨及於窒皇（窒皇寢門闕也）劍及於寢門之外車及於蒲胥之市秋九月楚子圍宋冬公孫歸父會齊侯于穀見晏桓子與之言魯樂晏桓子告高宣子（桓子晏嬰父宣子

之言魯樂晏桓子告高宣子晏嬰
又宣子高固也曰子家其亡乎懐於魯矣
子家歸父字懐思也懐必貪ゝ必謀人ゝゝ
人亦謀己一國謀之何以不亡為十
八年歸父奔齊傳也孟獻子言於公曰臣聞
小國之免於大國也聘而獻物物玉

小國之免於大國也聘而獻物玉帛皮幣也於是有庭實旅百主人亦設籩豆百品實於庭以荅賓也朝而獻功獻其治國若征伐之功於牧伯也於是有容貌采章嘉淑而有加貨容貌威儀容顔也采章車服文章也嘉淑令善稱讚也加貨命宥幣帛也言往共則來報亦備也謀其不免

往共則來穀亦備也　詘其不免
也誅而薦賄則無及也　薦進也見
責而往則
不足辭
罪也
今楚在宋君其圖之公說
為明年歸父
會楚子傳也

經十有五年春公孫歸父會楚子于
宋蔞五月宋人及楚人平　平者揔
言二國

宋夏五月宋人及楚人平言二國和故不書其人也六月癸卯晉師滅赤狄潞氏以潞子嬰兒歸潞赤狄之別種也潞氏國故稱氏子爵也林父稱師從告也秦人伐晉無傳王札子殺召伯毛伯稱殺者名兩下相殺之辭則殺者相殺有罪也王札子王子札也蓋經文倒札字也秋螽無傳仲孫

無傳無婁

也蓋經文倒札字也秋螽傳作孫

蔑會齊高固于無婁　無傳無婁杞邑也

稅畝　公田之法十取其一今又履

其餘畝復十收其一故哀公

曰二吾猶不足遂　冬蝝生　螽子以

以為常故曰初　冬生遇

寒而死故　饑　風雨不和五

不成螽也　稼不豊也

傳十五年春公孫歸父會楚子于宋

終前年

蝝　悦全反　字林尹絹反　劉歆云蚍蜉子　董仲舒云蝗子

稅　始銳反

倒　丁老反

饑　飢本作

傳十五年春公孫歸父會楚子于宋
終ヲ前年傳也オ元　宋人使樂嬰齊告急于晉
〻侯欲救之伯宗曰不可　伯宗晉大夫也オ元
古人有言曰雖鞭之長不及馬腹
言非所擊也オ元　天方授楚未可與爭雖晉
之彊能違天乎諺曰高下在心　度時待後

垢古口反本或作詬

之彊能違天乎諺曰高下在心時制宜也川澤納汙受汙濁也山藪藏疾山之有林藪毒害者居之也瑾瑜匿瑕匿亦藏也雖美玉之質亦或居藏瑕穢也國君含垢忍垢恥也天之道也晉侯恥不救宋故伯宗爲說小惡不損大德之喻也君其待之待楚衰也乃止使解揚如宋使無

待之衰也乃止使解揚如宋使無
降楚曰晉師悉起將至矣鄭人囚
而獻諸楚楚子厚賂之使反其言
反言晉不救也不許三而許之登諸樓車
使呼宋人而告之樓車車上望櫓也遂致
其君命楚子將殺之使與之言曰

其君命楚子將殺之使與之言曰
爾既許不穀而反之何故非我無
信女則棄之速即爾刑對曰臣聞
之君能制命為義臣能承命為信
〻載義而行之為利謀不失利以
衛社稷民之主也義無二信欲為義者
不行

衛社稷民之主也義無二信義者不行兩信信無二命欲行信者不受二命君之賂臣不知命也受命以出有死無霣于敏反霣廢隊直類反也又可賂乎臣之許君以成命也成其君命也死而成命臣之祿也寡君有信臣已不廢命也下臣獲考考成也死

君有信臣命也下臣獲考成也死

又何求楚子舍之以歸夏五月楚

師將去宋在宋積九月不不能服宋故也申犀稽

首於王之馬前曰毋畏知死而不

敢廢王命王棄言焉王不能荅未服

宋而去故曰弃言也申叔時僕僕御也曰築室

曰弃言也申叔時僕也曰築室反耕者宋必聽命從之築室於宋分兵歸田示無去志王從其言也宋人懼使華元夜入楚師登子反之牀起之曰寡君使元以病告兵法因其鄉人而用之必先知其守將左右謁者門者舍人之姓名因而利道之華元蓋用此術得以自通也曰

骸戶皆反本又作背公羊傳作[?]何休注云[?]背也

之華元蓋用山術得以自通也曰

敝邑易子而食析骸以爨爨炊雖

思歷反　七亂反也

然城下之盟有以國斃不能從也

婢世反

寧以國斃不去我三十里唯命是

從城下盟也

聽子反懼與之盟而告王退三十

里宋及楚平華元為質盟曰我無

爾詐爾無我虞

里宋及楚平華元爲質盟曰我無爾詐爾無我虞（楚不詐宋宋不備楚盟不書不告也）潞子嬰兒之夫人晉景公之姊也酆舒爲政而殺之又傷潞子之目（酆舒潞相也）晉侯將伐之諸大夫皆曰不可酆舒有三儁才（儁絶異世言有才藝勝人）

不可豐舒有三儁才有才藝勝人
者三不如待後之人伯宗曰必伐
也
之狄有五罪儁才雖多何補焉不
祀一也耆酒二也棄仲章而奪黎
氏地三也仲章潞賢人也黎氏黎
侯國上黨壺關縣有黎
亭
也
虐我伯姬四也傷其君目五也

也虐我伯姬四也傷其君目五也
怙其儁才而不以茂德茲益罪也
後之人或者将敬奉德義以事神
人而申固其命審其政令也若之何待
之不討有罪曰将待後〻有辭而
討焉毋乃不可乎夫恃才與衆亡

試焉毋乃不可乎夫恃才與衆亡
之道也商紂由之故滅由用也天反
時為災寒暑易節也地反物為妖羣物失性
也民反德為亂亂則妖災生故文
反正為乏文字也盡在狄矣晉侯從
之六月癸卯晉荀林父敗赤狄于

之六月癸卯晉荀林父敗赤狄于
曲梁辛亥滅潞曲梁今廣平曲梁縣也書癸卯從赴
也酆舒奔衛衛人歸諸晉晉人殺
之王孫蘇與召氏毛氏爭政三人皆王
卿士也使王子捷殺召戴公及毛伯
衛王子捷即王札子也卒立召襄襄召戴公之子也

傳王札子也卒立召襄之子也

秋七月秦桓公伐晉次于輔氏晉地

也

壬午晉侯治兵于稷以略狄土略取也稷晉地河東聞喜縣西有稷山壬午七月二十九日也晉時新破狄土地未安權秦師之弱故別遣魏顆距秦而東行定狄地也

立黎侯而還狄奪其地故晉復立之也及雒魏

顆……晉侯還及雒

立黎侯而還晉復立之也及雒魏
顆敗秦師于輔氏晉侯還及雒也雒晉地也獲
杜回秦之力人也初魏武子有嬖
妾無子武子疾命顆曰必嫁是武子
魏犨顆之父也疾病則曰必以為殉及卒
顆嫁之曰疾病則乱吾從其治也

顆嫁之曰疾病則亂吾從其治也
及輔氏之役顆見老人結草以亢苦浪反
杜回亢禦也杜回躓陟吏反徐又丁四反而顛故獲之夜
夢之曰余而所嫁婦人之父也而女也
爾用先人之治命余是以報傳擧
此以示敎也
晉侯賞桓子狄臣千室千家
也

晉侯賞桓子狄臣千室家

亦賞士伯以爪衍之縣士伯士貞子也

曰吾獲狄土子之功也微子吾喪

伯氏矣伯桓子字也𢽳之敗晉侯

將殺林父士伯諫而上也

羊舌職說是賞也職叔向父也

曰周書

所謂庸庸祗祗者謂此物也夫周

書

所謂庸〻祗〻者謂此物也夫書
康誥也庸用也祗敬也物事也士
言文王能用可用敬可敬也
伯庸中行伯言中行伯可用也君信之亦
庸士伯此之謂明德矣文王所以
造周不是過也故詩曰陳錫載周
能施也錫賜也詩大雅言文王布陳大利以賜天下故能載
行周道

旅也

陳大利以賜天下故能載行周道福流子孫也率是道也其何不濟晉侯使趙同獻狄俘于周不敬劉康公曰不及十年原叔必有大咎劉康公王季子也原叔趙同也天奪之魄矣心之精爽是謂魂魄也為成八年晉殺趙同傳也初稅畝非禮也

周法民耕百畝公田

晉殺趙同傳也

初稅畝非禮也

穀出不過藉周法民耕百畝公田十畝借民力而治之稅不過此也以豐財也冬蝝生饑幸之

饑才作
飢本作

也蝝未為災而書之者幸其冬生不為物害也時歲雖饑猶喜而書之也

經十有六年春王正月晉人滅赤狄

經十有六年春王正月晉人滅赤狄甲氏及留吁甲氏留吁赤狄別種晉既滅潞氏今又并之盡其餘黨也士會稱人從告者也夏成周宣榭火傳例曰人火之也成周洛陽宣榭講武屋別在洛陽者也爾雅曰無室曰榭謂屋歇前也秋郯伯姬来歸冬大有年無傳

傳

傳十六年春晉士會帥師滅赤狄甲氏及留吁鐸辰鐸辰不書留吁之屬也三月獻狄俘獻于王也晉侯請于王戊申以黻冕命士會將中軍且爲大傅代林父將中軍且加以大傅之官也黻冕命卿之服也大傅孤卿也於

黻冕命卿之服也大傅孤卿也於
是晉國之盜逃奔于秦羊舌職曰
吾聞之禹稱善人稱舉不善人遠
此之謂也夫詩曰戰〻兢〻如臨
深淵如履薄氷善人在上也言善人居
位則無不戒懼也
善人在上則國無幸民

戒懼也　善人在上則國無幸民
諺曰民之多幸國之不幸也是無
善人之謂也　夏成周宣榭火人火
之也凡火人火曰火天火曰災　秋
郯伯姬来歸出也　為毛召之難故
王室復乱毛召難在前并今復乱也　王孫蘇奔

王室復亂并今復乱也王孫蘇奔晉〻人復之毛召之黨欲討蘇氏故出奔也冬晉侯使士會平王室定王享之原襄公相礼原襄公周大夫相佐也殽烝烝升也升殽於俎也季武子私問其故享當體薦而殽烝故怪問之武士會謚季其字也王聞之召武子曰季

本无子但如注者可讀之歟

季其字也王聞之召武子曰季
氏而弗聞乎王享有體薦享則半解其體
而薦之所以示共儉也宴有折俎體解節折升之於俎
物皆可食所以示慈惠也公當享卿當宴王室
之禮也公謂諸侯也武子歸而講求典
禮以脩晉國之法傳言典禮之廢久也

禮以脩晉國之法　之廢久也

經十有七年春王正月庚子許男錫（星歷反）我卒　無傳再與文同盟也　丁未蔡侯申卒　無傳未同盟而赴以名也丁未二月四日也　葬許昭公　無傳　葬蔡文公　無傳　六月癸卯日有蝕（食）之　無傳不書朔官失之也　己未公會晉侯衛

之官失之也

己未公會晉侯衛侯曹伯邾子同盟于斷道斷道晉地也

秋公至自會

冬十有一月壬午公弟叔肸卒傳例曰公母弟也

傳

十七年春晉侯使郤克徵會于齊徵召也欲為斷道會也

齊頃公帷婦人使觀

穀梁云行父禿晉郤克眇

齊頃公帷婦人使觀

穀梁云行父禿晉郤克跛衛孫良夫眇曹公子首傴云云

斷道會也

之郤子登婦人笑於房　跛而登階故笑之也

獻子怒出而誓曰所不此報無能

涉河　不復渡還河而東也　獻子先歸使欒京

廬待命于齊曰不得齊事無復命

矣　欒京廬郤克之介也使得齊之罪乃復命也　郤子至

矣得齊之罪乃授命也郤子至
請伐齊晉侯弗許請以其私屬又
弗許私屬家衆也爲成二年戰于鞌傳也齊侯使高
固晏弱蔡朝南郭偃會晏弱桓子也及
斂盂高固逃歸聞郤克怒故也夏會于斷
道討貳也盟于卷楚卷楚即斷道也辭齊

道討貳也盟于卷楚斷道也辭齊
人晉人執晏弱于野王執蔡朝于
原執南郭偃于溫執三子不書非
卿也野王縣今
屬河
內
苗賁扶云反皇使見晏桓子賁皇楚
鬬椒之
子楚滅鬬氏而奔晉食邑于苗地
也晏弱時在野王故因使而見之
也
歸言於晉侯曰夫晏子何罪昔

歸言於晉侯曰夫晏子何罪昔
者諸侯事吾先君皆如不逮言汲汲
也舉言羣臣不信諸侯皆有貳志擧
皆
齊君恐不得礼不見礼
也
詩也故不出
而使四子來左右或沮之沮上曰
君不出必執吾使故高子及斂盂

君不出必執吾使故高子及斂盂
而逃夫三子者曰若絶君好寧歸
死焉為是犯難而來吾若善逆彼
彼齊三人也以懐來者吾又執之以信
齊沮吾不既過矣乎過而不改而
又久之以成其悔何利之有焉使

又久之以成其悔何利之有焉使反者得辭（反者高固也謂得不當來之辭也）而害來者以懼諸侯將焉用之晉人緩之逸（緩不拘執使得逃去也傳言晉不能脩禮諸侯所以貳也）

秋八月晉師還范武子將老（老致仕也初受隨故曰隨武子後更受范復為范武子也）召文子曰

更受范復扶又反爲范武子也　召文子曰
燮素協反乎詞字也吾聞之喜怒以類者鮮息淺反文子士會
之子也燮其名也易者實多易遷怒也詩曰君
子如怒亂庶遄市專反沮君子如祉亂庶
遄已詩小雅也遄速也沮止也祉福也君子之喜
怒以已亂也弗已者必益之郤子

怒也已乱也弗已者必益之郤子
其或者欲已乱於齊乎不然余懼
其益之也余將老使郤子逞其志
庶有豸乎豸解也欲使郤子従政快志以止乱也爾
従二三子唯敬二三子晉諸大夫也乃請老
郤獻子為政冬公弟叔肸卒公母

郤獻子為政冬公弟叔肸卒公母
弟也凡大子之母弟公在曰公子
不在曰弟以兄為尊也凡稱弟皆母弟
也此策書之通例也庶弟不得稱
公弟而母弟或稱公子若嘉好
之事則仍舊史之文唯相殺害然
後據例以示義所以篤親ゝ之恩
崇友于之好釋例論之備矣

例論之備矣

經十有八年春晉侯衛世子臧伐齊

公伐杞傳無夏四月秋七月邾人戕

鄫子于鄫傳例曰自外曰戕邾大夫就鄫殺鄫子也甲

戌楚子旅卒未同盟而赴以名也吳楚之葬僭而不典

故絶而不書同之夷蠻以懲求名之僞也公孫歸父如

懲直升反也又ナ崴如字明也

懲 直升反 也又下　蔵如字 明也

笙 生條反 勑貞反 云本十又下 檉 丑下 柯 按條 後是 係二傳文

境 本下　竟 才下

蠻以懲求若之僞也公孫歸父女

晉冬十月壬戌公薨于路寢歸父

還自晉至笙遂奔齊大夫還不書春秋之常也今書歸父還奔善其能以礼退不書族者非常所及今特書略之也笙魯竟外故不言出也

傳十八年春晉侯衛太子臧伐齊至

傳十八年春晉侯衛太子臧伐齊至
于陽穀齊侯會晉侯盟于繒以公（才陵反）
子彊為質于晉〻師還蔡朝南郭（音致）
偃逃歸　晉既與齊盟守者解（佳買反）緩故得逃也
如楚乞師欲以伐齊　公不事齊〻與晉盟故懼
而乞師于楚不書微者行也
秋邾人戕鄫子于

書。殺者行也

秋邾人戕鄫子于鄫凡自内虐其君曰弑自外曰戕弑戕皆殺也所以別内外之名也弑者積微而起所以相測量非一朝一夕之漸戕者卒暴之名也

楚莊王卒楚師不出既而用晉師成二年戰于鞌是也楚於是乎有蜀之役在成二年冬蜀魯地泰山博縣西北有蜀亭

于有蜀之役泰山博縣西北有蜀亭也公孫歸父以襄仲之立公也有寵歸父襄仲子也欲去三桓以張公室時三桓強公室弱故欲去之以張大公室也與公謀而聘于晉欲以晉人去之冬公薨季文子言於朝曰使我殺適立庶以失

言於朝曰使我殺適立庶以失
大援者仲也夫適謂子惡齊外甥襄仲殺之而立
宣公南通於楚既不能固又不
能堅事齊晉故云失大援也
臧宣叔怒曰當其時不能治也後之
人何罪子欲去之許請去之宣叔文仲
子武仲父許其去也時為司寇主
行刑言子自以歸父害已欲去者
許請為子

行刑言子自以歸父容已欲去者許請為子去之也

遂逐東門氏襄仲居東門故曰東門氏也

子家還及笙子家歸父字也

壇帷復命於介除地為壇而張帷也介副也將去使介反命於君也

既復命袒括髮以麻約髮也

即位哭三踊而出依在國喪礼設哭位君薨故也

遂奔齊書

踊而出　哭位君薨故也　遂奔齊書

曰歸父還自晉善之也

春秋卷第十一　經六千五十字
注四千二十字

本奥云

文永二年十二月廿五日以故大外

史之本書寫移點校合

文永二年十二月廿五日以故大外
史之本書寫移點校合了
本奥云
文永元年三月廿二日書寫了
散位清原俊隆
月廿八日以摺本付釋文了

文永元年四月十一日加朱點墨
點其功既訖此書受說之本
本傳而任義之人爲遺幾

點畢功既書寫受説之本
本傳而在長史大儒遺蹤
子孫誂本加老年之功而已
前參河守清原 在判
文永五年十月一日以音博士
本一校畢　自奥書也同
文永五年十二月九日以入道殿説奉受

[illegible]

文永五年十二月九日以家秘說奉授
越後次郎尊閤畢
音博士清原(花押)

音博士清原（花押）

一覧畢　于時應永十五年戊子孟秋中旬

相々也而醉醒所々書　[illegible]